essentials

essentials liefern aktuelles Wissen in konzentrierter Form. Die Essenz dessen, worauf es als „State-of-the-Art" in der gegenwärtigen Fachdiskussion oder in der Praxis ankommt. *essentials* informieren schnell, unkompliziert und verständlich

- als Einführung in ein aktuelles Thema aus Ihrem Fachgebiet
- als Einstieg in ein für Sie noch unbekanntes Themenfeld
- als Einblick, um zum Thema mitreden zu können

Die Bücher in elektronischer und gedruckter Form bringen das Fachwissen von Springerautor*innen kompakt zur Darstellung. Sie sind besonders für die Nutzung als eBook auf Tablet-PCs, eBook-Readern und Smartphones geeignet. *essentials* sind Wissensbausteine aus den Wirtschafts-, Sozial- und Geisteswissenschaften, aus Technik und Naturwissenschaften sowie aus Medizin, Psychologie und Gesundheitsberufen. Von renommierten Autor*innen aller Springer-Verlagsmarken.

Thomas Küffner · Alexander Tsyganov

Umsatzbesteuerung der öffentlichen Hand

Eine Einstiegshilfe unter
Berücksichtigung der alten und
neuen Rechtslage

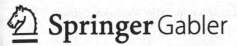 Springer Gabler

Prof. Dr. Thomas Küffner
KMLZ Rechtsanwaltsgesellschaft mbH
München, Deutschland

Alexander Tsyganov
KMLZ Rechtsanwaltsgesellschaft mbH
Düsseldorf
Nordrhein-Westfalen, Deutschland

ISSN 2197-6708   ISSN 2197-6716 (electronic)
essentials
ISBN 978-3-658-43139-6   ISBN 978-3-658-43140-2 (eBook)
https://doi.org/10.1007/978-3-658-43140-2

Die Deutsche Nationalbibliothek verzeichnet diese Publikation in der Deutschen Nationalbibliografie; detaillierte bibliografische Daten sind im Internet über http://dnb.d-nb.de abrufbar.

Planung/Lektorat: Irene Buttkus
Springer Gabler ist ein Imprint der eingetragenen Gesellschaft Springer Fachmedien Wiesbaden GmbH und ist ein Teil von Springer Nature.
Die Anschrift der Gesellschaft ist: Abraham-Lincoln-Str. 46, 65189 Wiesbaden, Germany

Das Papier dieses Produkts ist recyclebar.

Was Sie in diesem *essential* finden können

- Einen Überblick über die Grundlagen der Umsatzbesteuerung der öffentlichen Hand.
- Eine Darstellung der alten und neuen Rechtslage.
- Einen Überblick über den sich aufgrund der Novellierung ergebenden Handlungsbedarf.
- Prüfungsschemata, Grafiken und Merksätze für die tägliche Praxis.

Vorwort

Dieses *essential* gibt einen Überblick über die Grundlagen und wesentlichen Besonderheiten der sich im Umbruch befindlichen Umsatzbesteuerung der öffentlichen Hand.

Es richtet sich an alle Beschäftigten von juristischen Personen des öffentlichen Rechts und dient als praxisnahe und verständliche Einstiegshilfe in die komplexe Materie.

Durch die Gegenüberstellung der alten und neuen Rechtslage werden die zentralen Neuerungen sowie die daraus resultierenden praxisrelevanten Herausforderungen leicht greifbar aufbereitet.

Die enthaltenen Prüfungsschemata, Grafiken und Merksätze helfen dabei, umsatzsteuerrelevante Sachverhalte zu erkennen und erforderliche Maßnahmen in die Wege zu leiten.

im August 2023

Prof. Dr. Thomas Küffner
Alexander Tsyganov
KMLZ Rechtsanwaltsgesellschaft
mbH München/Düsseldorf

Inhaltsverzeichnis

1 Einführung in die Thematik 1

2 Allgemeine Grundlagen der Umsatzbesteuerung 5
  2.1 Steuerbarkeit 6
      2.1.1 Leistungsaustausch 7
      2.1.2 Unternehmer & Unternehmen 9
      2.1.3 Sachverhalte mit Auslandsbezug und
            Reverse-Charge-Fälle 10
  2.2 Steuerpflichtigkeit 11
  2.3 Vorsteuerabzug 13
  2.4 Verfahrensrechtliche Grundlagen und Pflichten 15
      2.4.1 Umsatzsteuervoranmeldungen 16
      2.4.2 Umsatzsteuerjahreserklärung 17
      2.4.3 Umgang mit Fehlern & steuerstrafrechtliche Risiken 17

3 Die Umsatzbesteuerung der öffentlichen Hand nach der alten
  Rechtslage 19
  3.1 Einschränkung des Unternehmerbegriffs und Maßgeblichkeit
      des Körperschaftsteuerrechts 19
  3.2 Betrieb gewerblicher Art, Hoheitsbetrieb und
      Vermögensverwaltung – eine notwendige Abgrenzung 20
      3.2.1 Betrieb gewerblicher Art 20
      3.2.2 Hoheitsbetrieb 21
      3.2.3 Vermögensverwaltung 23
  3.3 Beistandsleistungen als Besonderheit der öffentlichen Hand 26

4 Die Umsatzbesteuerung der öffentlichen Hand nach der neuen
   Rechtslage – § 2b UStG 29
   4.1 Unternehmerbegriff nach §§ 2 und 2b UStG 30
   4.2 Anwendbarkeit des § 2b UStG – Hoheitsvorbehalt 31
   4.3 Allgemeiner Wettbewerbsvorbehalt nach § 2b Abs. 1 S. 2
        UStG 33
   4.4 Wettbewerbsausschluss nach § 2b Abs. 2 und 3 UStG 35
        4.4.1 Allgemeines 35
        4.4.2 Faktische Unbeachtlichkeit des § 2b Abs.
               3 Nr. 2 UStG 36
        4.4.3 § 2b Abs. 2 Nr. 1 UStG – Wettbewerbsgrenze i. H. v.
               17.500 Euro 37
        4.4.4 § 2b Abs. 2 Nr. 2 UStG – steuerfreie Tätigkeiten
               privater Unternehmer 38
        4.4.5 § 2b Abs. 3 Nr. 1 UStG – den jPdöR vorbehaltene
               Leistungen i. R. d. vertikalen und horizontalen
               Zusammenarbeit von jPdöR 39
   4.5 Verfahrensrechtliche Neuerungen – Organisationseinheiten
        von Bund und Ländern 41

5 Handlungsbedarf im Rahmen der Umstellung auf § 2b UStG 45
   5.1 Überblick über den umsatzsteuerlichen Status quo 45
   5.2 Einnahmenanalyse 46
   5.3 Vertragsscreening 48
   5.4 Verfahrenstechnische und organisatorische Anpassungen 50
   5.5 Umsatzsteuerliche Pflichten und Risiken kontrollieren – IKS &
        TCMS 51
        5.5.1 Internes Steuerungssystem 52
        5.5.2 Internes Überwachungssystem 53

6 Zusammenfassung und Ausblick 55

Literatur 59

Abkürzungsverzeichnis

Abs.	Absatz
Abschn.	Abschnitt
AEAO	Anwendungserlass zur Abgabenordnung
AEUV	Vertrag über die Arbeitsweise der Europäischen Union
a. F.	alte Fassung
AO	Abgabenordnung
Art.	Artikel
BFH	Bundesfinanzhof
BgA	Betrieb gewerblicher Art
BMF	Bundesfinanzministerium
BStBl.	Bundessteuerblatt
BT-Drucks.	Bundestagsdrucksache
Buchst.	Buchstabe
BVerwG	Bundesverwaltungsgericht
EGAO	Einführungsgesetz zur Abgabenordnung
EStR	Einkommensteuer-Richtlinien
EU	Europäische Union
GG	Grundgesetz
jPdöR	juristische Person des öffentlichen Rechts
i. d. R.	in der Regel
i. H. v.	in Höhe von
IKS	innerbetriebliches Kontrollsystem
i. R. d.	im Rahmen des
i. R. v.	im Rahmen von
i. S. d.	im Sinne des
i. S. v.	im Sinne von

i. V. m.	in Verbindung mit
i. Ü.	im Übrigen
i. W.	im Wesentlichen
i. Z. m.	im Zusammenhang mit
Kap.	Kapitel
KStG	Körperschaftsteuergesetz
KStH	Körperschafsteuer-Hinweise
KStR	Körperschaftsteuer-Richtlinien
LfSt	Landesamt für Steuern
MwStSystRL	Mehrwertsteuersystemrichtlinie
OWiG	Gesetz über Ordnungswidrigkeiten
Rn.	Randnummer
s.	siehe
S.	Satz
Schr.	Schreiben
StDÜV	Steuerdaten-Übermittlungsverordnung
SGB	Sozialgesetzbuch
sog.	sogenannt
TCMS	Tax Compliance Management System
UStAE	Umsatzsteuer-Anwendungserlass
UStG	Umsatzsteuergesetz
USt-IdNr.	Umsatzsteuer-Identifikationsnummer
USt-VA	Umsatzsteuervoranmeldungen
Urt.	Urteil
v.	vom
Vfg.	Verfügung
vs.	versus
Ziff.	Ziffer

Einführung in die Thematik

1

Die grundlegende Gesetzesänderung betreffend die Umsatzbesteuerung der juristischen Personen des öffentlichen Rechts (kurz: jPdöR) stellt die gesamte öffentliche Hand vor eine Vielzahl umsatzsteuerrechtlicher Herausforderungen, die es nun zu meistern gilt.

> **Von der Gesetzesänderung sind betroffen**
> - Gebietskörperschaften wie Bund, Länder, Gemeinden, Gemeindeverbände und Zweckverbände.
> - Personal- und Realkörperschaften wie Universitäten und Studentenwerke, Berufskammern, Industrie- und Handelskammern und öffentlich-rechtliche Religionsgemeinschaften.
> - sämtliche Anstalten und Stiftungen des öffentlichen Rechts, z. B. Rundfunkanstalten des öffentlichen Rechts.

▶ Bisher knüpfte die Umsatzbesteuerung von jPdöR nach § 2 Abs. 3 UStG in der am 31. Dezember 2015 geltenden (alten) Fassung an das Körperschaftsteuerrecht an.

Nach § 2 Abs. 3 UStG a. F. sind Tätigkeiten einer jPdöR nur dann umsatzsteuerrelevant, wenn sie im Rahmen eines sog. Betriebs gewerblicher Art (kurz: BgA) ausgeübt werden, oder es sich um land- und forstwirtschaftliche Tätigkeiten handelt. Aufgrund sog. Nichtaufgriffsgrenze für BgA von 45.000 € (bzw.

© Der/die Autor(en), exklusiv lizenziert an Springer Fachmedien Wiesbaden GmbH, ein Teil von Springer Nature 2023
T. Küffner und A. Tsyganov, *Umsatzbesteuerung der öffentlichen Hand*, essentials, https://doi.org/10.1007/978-3-658-43140-2_1

35.000 € bis 31.12.2021; s. R. 4.1 Abs. 5 KStR) fallen nach dem bisherigen
Recht zudem die meisten geringfügigen Betätigungen der jPdöR aus der Umsatzsteuerbarkeit heraus. Ferner kommt auch den Tätigkeiten der jPdöR i. R. d.
Vermögensverwaltung bisher keine umsatzsteuerrechtliche Relevanz zu. Entspre-
chendes gilt nach alter Rechtslage für sog. Beistandsleistungen, bei welchen eine
jPdöR im Rahmen einer Kooperation hoheitliche Aufgaben einer anderen jPdöR
übernimmt (s. zu alldem ausführlich Kap. 3).

Vor diesem Hintergrund waren bisher regelmäßig nur eine überschaubare
Anzahl an Sachverhalten tatsächlich umsatzsteuerrelevant.

▶   Aufgrund unionsrechtlicher Bedenken (s. Kap. 4) wurde die bisherige
     Anknüpfung an das Körperschaftsteuerrecht mit Einführung des § 2b
     UStG aufgegeben.

Die Maßgeblichkeit des Unionsrechts ergibt sich daraus, dass es sich bei der
Umsatzsteuer um eine sog. **harmonisierte Steuer** handelt. Die Mehrwertsteuer-
systemrichtlinie (kurz: MwStSystRL) gleicht die nationalen Regelungen in der
Europäischen Union (kurz: EU) durch verbindliche, von den Mitgliedstaaten
umzusetzende, Vorgaben aneinander an. Die Harmonisierung soll einen Steuer-
wettbewerb sowie Wettbewerbsverzerrungen in der EU verhindern und so den
Handel auf dem Binnenmarkt verbessern. Auch das deutsche UStG ist stets im
Lichte der maßgeblichen Bestimmungen der MwStSystRL zu verstehen.

Eine zentrale unionsrechtliche Maxime ist dabei die **Wettbewerbsneutralität**. Diese kann nur erreicht werden, wenn private und öffentlich-rechtliche
Unternehmer bei vergleichbaren Tätigkeiten umsatzsteuerlich gleichbehandelt
werden.

▶   Im Sinne der Wettbewerbsneutralität unterliegen fortan grundsätzlich
     alle Umsätze der jPdöR der Umsatzbesteuerung, soweit die jPdöR
     nach allgemeinen Grundsätzen unternehmerisch tätig werden und
     nicht die besonderen Ausnahmen nach § 2b UStG greifen (s. Kap. 4).

Diese **Neuregelung greift spätestens ab dem 1. Januar 2025** zwingend für alle
jPdöR. Schon zuvor steht den jPdöR die Umstellung auf § 2b UStG frei (Options-
regelung, § 27 Abs. 22 UStG). Unter § 2b UStG wird es unbeachtlich sein, ob ein
BgA vorliegt, Beistandsleistungen erbracht werden, oder es sich um Tätigkeiten
im Rahmen der Vermögensverwaltung handelt. So viel kann vorweggenommen
werden: Es kommt zu einer erheblichen Erweiterung der umsatzsteuerrechtlich

relevanten Sachverhalte. Faktisch wird das bisherige Regel-Ausnahme-Verhältnis umgekehrt.

Die jPdöR stehen nun vor der enormen Aufgabe, ihre neuen steuergesetzlichen Pflichten zu erfüllen. Dieses *essential* soll die Betroffenen dabei unterstützen.

Um für die Thematik zu sensibilisieren und das erforderliche Grundverständnis zu schaffen, werden zunächst die zentralen allgemeinen Grundlagen der Umsatzbesteuerung (s. Kap. 2), sodann die Besonderheiten bei der Umsatzbesteuerung der öffentlichen Hand nach alter (s. Kap. 3) und neuer (s. Kap. 4) Rechtslage dargestellt. Auf dieser Grundlage wird der wesentliche, sich infolge der Novellierung ergebende, Handlungsbedarf (s. Kap. 5) aufgezeigt.

Allgemeine Grundlagen der Umsatzbesteuerung

2

Auch wenn die Konsequenzen in der Praxis weitreichend sind, ändert sich durch den neuen§ 2b UStG letztlich „nur" die Beurteilung der Unternehmereigenschaft von jPdöR. Im Übrigen gelten die tradierten umsatzsteuerrechtlichen Grundlagen bzw. Grundsätze unverändert fort.

Das Tätigwerden als Unternehmer ist und bleibt zentrale Voraussetzung, damit ausgangsseitig erbrachte Umsätze überhaupt der Steuerpflicht unterliegt und hinsichtlich eingangsseitig bezogener Umsätze der Vorsteuerabzug geltend gemacht werden kann.

> **Eine Lieferung oder sonstige Leistung einer jPdöR unterliegt der Umsatzsteuer, wenn**
> 1. sie im Rahmen eines Leistungsaustausches gegen Entgelt ausgeführt wird (s. Abschn. 2.1.1) **und**
> 2. die jPdöR als Unternehmerin tätig wird (s. Abschn. 2.1.2) **und**
> 3. sie nicht von der Umsatzsteuer befreit (also steuerpflichtig) ist (s. Abschn. 2.2).

Neben der Steuerbarkeit und Steuerpflichtigkeit ausgangsseitig erbrachter Umsätze ist die Möglichkeit eines Vorsteuerabzugs aus eingangsseitig von der jPdöR bezogenen Umsätzen von besonderer wirtschaftlicher sowie praktischer Bedeutung (s. Abschn. 2.3). Schließlich ergeben sich im Falle einer Umsatzsteuererbarkeit diverse verfahrensrechtliche Pflichten (s. Abschn. 2.4), welche in aller Kürze dargestellt werden.

© Der/die Autor(en), exklusiv lizenziert an Springer Fachmedien Wiesbaden GmbH, ein Teil von Springer Nature 2023
T. Küffner und A. Tsyganov, *Umsatzbesteuerung der öffentlichen Hand*, essentials, https://doi.org/10.1007/978-3-658-43140-2_2

Zusammenfassend folgt die Umsatzbesteuerung der jPdöR nachstehendem Prüfschema, welches bei der umsatzsteuerrechtlichen Beurteilung von Geschäftsvorfällen stets sorgfältig zu prüfen ist:

Übersicht

A. Unternehmereigenschaft (s. Abschn. 2.1.2, 3.1 und 4.1)

B. Steuerbarer Umsatz, § 1 UStG
  I. Leistungsaustausch, § 1 UStG (s. Abschn. 2.1.1)
    1. Lieferung/sonstige Leistung (s. § 3 UStG)
    2. Unternehmer
    3. Im Rahmen seines Unternehmens
    4. Im Inland, §§ 3a – 3g UStG
    5. Gegen Entgelt
  II. Einfuhrumsatz nach § 1 Abs. 1 Nr. 4 UStG und innergemeinschaftlicher Erwerb nach § 1 Abs. 1 Nr. 5 UStG (s. Abschn. 2.1.3)

C. Steuerpflichtigkeit, § 4 UStG (s. Abschn. 2.2)

D. Steuerschuld, §§ 10 ff. UStG

E. Vorsteuerabzug, § 15 UStG (s. Abschn. 2.3)

2.1 Steuerbarkeit

Nur **Unternehmer** i. S. d. UStG und nur die in § 1 UStG genannten Umsätze (sog. **steuerbare Umsätze**) unterliegen der Besteuerung nach dem UStG.

▶ **Steuerbarer Umsatz nach § 1 Abs. 1 Nr. 1 S. 1 UStG (Regelfall)** Der Umsatzsteuer unterliegen Lieferungen (z. B. Verkäufe von Gegenständen und Waren) und sonstige Leistungen (z. B. Dienstleistungen, Vermietungen, Dulden und Unterlassen), die ein **Unternehmer** im Inland **gegen Entgelt im Rahmen seines Unternehmens** ausführt.

2.1.1 Leistungsaustausch

Eine zentrale Voraussetzung der Umsatzsteuerbarkeit ist nach § 1 Abs. 1 Nr. 1 S. 1 UStG, dass Leistungen im Rahmen eines sog. **Leistungsaustauschs** erbracht werden.

▶ **Ein Leistungsaustausch** Liegt vor, wenn zwischen zwei Personen eine Leistung gegen Gegenleistung erbracht wird.

Die Leistungserbringung muss Anlass bzw. ursächlich für die Gegenleistung sein und umgekehrt. Die Gegenleistung wird nur erbracht, weil der Leistungsempfänger die Leistung erhalten will (sog. wechselseitiger Zusammengang, s. Abschn. 1.1 UStAE).

Die Gegenleistung kann dabei in einem **Entgelt** (so der Wortlaut des § 1 Abs. 1 Nr. 1 S. 1 UStG), aber auch in Form einer Sach- oder Dienstleistung (sog. **Tausch bzw. tauschähnlicher Umsatz,** s. § 3 Abs. 12 UStG) bestehen. Ob die Gegenleistung objektiv angemessen ist oder vollständig erbracht wird, ist unbeachtlich. Die Gegenleistung kann auch von einem Dritten erbracht werden (§ 10 Abs. 1 S. 2 UStG), der selbst nicht Leistungsempfänger ist (sog. **Entgelt von dritter Seite,** s. Abschn. 10.2 Abs. 3 UStAE).

Auch die Bezeichnung der Gegenleistung ist unbeachtlich, sodass auch als „Zuschüsse" oder „Spenden" bezeichnete Zahlungen Gegenleistungen im vorgenannten Sinne darstellen können (sog. **„unechte" Zuschüsse,** s. sogleich und vertiefend in Abschn. 10.2 UStAE).

▶   Bei Leistungen, zu deren Ausführung sich die Vertragsparteien in einem gegenseitigen Vertrag verpflichtet haben, liegt grundsätzlich ein Leistungsaustausch vor (Abschn. 1.1 Abs. 1 S. 4 UStAE).

Unentgeltlichkeit steht Leistungsaustausch grundsätzlich entgegen
Aus der Gegenleistungspflicht ergibt sich auch, dass tatsächlich (!) **unentgeltlich erbrachte Leistungen** grundsätzlich nicht der Umsatzsteuer unterliegen. Nur in bestimmten Fällen können unentgeltliche Leistungen als sog. **unentgeltliche Wertabgaben** unter den Voraussetzungen des § 3 Abs. 1b oder Abs. 9a UStG zu versteuern sein.

An einem steuerbaren Leistungsaustausch fehlt es mangels Entgelts auch im Falle eines sog. **Aufwandspools.** Bei diesem erbringen mindestens zwei Kooperationspartner in Form einer nicht am Rechts- und Geschäftsverkehr teilnehmenden Innengesellschaft zur Erreichung eines gemeinsamen Zwecks im Rahmen ihrer

Förderungspflicht jeweils eigene Beiträge, ohne dass ein Spitzenausgleich in Geld erfolgt.

► **Praxishinweis** Der Aufwandspool in Form einer Innengesellschaft bietet sich als Lösungsvariante für Kooperationen an. Da es bisher kein gesondertes BMF-Schreiben zum Aufwandspool aus umsatzsteuerlicher Sicht gibt, sollte die Gestaltung stets durch eine verbindliche Auskunft nach § 89 AO abgesichert werden.

Weiterhin besteht kein Leistungsaustausch u. a. in folgenden Fällen
Nicht steuerbare Innenleistungen bzw. Innenumsätze Ein Leistungsaustausch setzt das **Tätigwerden gegenüber einem rechtlich selbständigen Dritten** voraus. Innerhalb eines einheitlichen Unternehmens (s. Abschn. 2.1.2) sind steuerbare Umsätze daher grundsätzlich nicht möglich (Abschn. 2.7 Abs. 1 S. 3 UStAE). Es handelt sich dann um rein innerbetriebliche Vorgänge ohne umsatzsteuerliche Relevanz. Einen Sonderfall der nicht steuerbaren Innenumsätze stellen Umsätze im Rahmen einer **umsatzsteuerlichen Organschaft** (s. § 2 Abs. 2 Nr. 2 UStG sowie vertiefend Abschn. 2.8 UStAE) dar.

Echte Zuschüsse liegen vor, wenn Zahlungen nicht aufgrund eines Leistungsaustauschverhältnisses erbracht werden (vgl. BFH, Urt. v. 28.07.1994 – V R 19/92, BStBl. II 1995, 86 und BFH, Urt. v. 13.11.1997 – V R 11/97, BStBl. II 1998, 169). Sie sind von sog. **unechten Zuschüssen** abzugrenzen (s. vertiefend Abschn. 10.2 UStAE).

Ein echter Zuschuss liegt insbesondere vor, wenn die Zahlungen

• nicht an bestimmte Umsätze anknüpfen, sondern unabhängig von einer bestimmten Leistung gewährt werden, weil z. B. der Zahlungsempfänger einen (gesetzlichen) Anspruch auf eine Zahlung hat oder weil in Erfüllung einer öffentlichrechtlichen Verpflichtung bzw. im überwiegenden öffentlich-rechtlichen Interesse an ihn gezahlt wird.

• dem Zahlungsempfänger allgemein ermöglichen sollen, überhaupt tätig zu werden oder seine nach dem Gesellschaftszweck obliegenden Aufgaben zu erfüllen. Dieser Grundsatz gilt i. Ü. auch für Gesellschafterbeiträge im Rahmen eines Gesellschaftsverhältnisses zwischen Personen- und Kapitalgesellschaften und ihren Gesellschaftern (s. hierzu Abschn. 1.6 Abs. 1 UStAE)

• vorrangig dem leistenden Zahlungsempfänger zu seiner Förderung aus struktur-
politischen, volkswirtschaftlichen oder allgemeinpolitischen Gründen gewährt
werden.

• in Form von Subventionen, Beihilfen, Förderprämien, Geldpreisen und der-
gleichen, als Anerkennung oder zur Förderung der im allgemeinen Interesse
liegenden Tätigkeiten eines Unternehmers ohne Bindung an bestimmte Umsätze
erfolgen.

2.1.2 Unternehmer & Unternehmen

Aus § 1 Abs. 1 Nr. 1 S. 1 UStG ergibt sich auch, dass nur die Umsätze eines
Unternehmers der Umsatzsteuer unterliegen. Der „allgemeine Unternehmerbegriff" (§ 2 Abs. 1 UStG) wird dabei für jPdöR durch die Sonderregelungen des
§ 2 Abs. 3 UStG a. F. modifiziert bzw. durch § 2b UStG eingeschränkt.

► **Unternehmer** ist, wer **selbständig** und **nachhaltig** (also auf Dauer angelegte)
wirtschaftliche (also gewerbliche oder berufliche) Leistungen gegen Entgelt
erbringt.

Eine Gewinnerzielungsabsicht ist nicht erforderlich. Es genügt eine Einnahmeerzielungsabsicht. Folglich können auch Leistungen, für die als Gegenleistung
Zölle, Gebühren, Beiträge oder sonstige Abgaben erhoben werden, grundsätzlich
wirtschaftliche Tätigkeiten sein.

An der erforderlichen Nachhaltigkeit fehlt es bei den sog. **Hilfsgeschäften**,
die die nichtunternehmerischen Tätigkeiten von jPdöR mit sich bringen. Dies gilt
auch, wenn sie wiederholt oder mit einer gewissen Regelmäßigkeit ausgeführt
werden (BMF, Schr. v. 16.12.2016, III C 2 – S 7107/16/10001, BStBl. I 2016,
1451, Rn. 19 f.).

Typische Hilfsgeschäfte sind

• Veräußerungen von Gegenständen, die im nichtunternehmerischen
Bereich eingesetzt wurden, z. B. der Verkauf von gebrauchten Kraft-
fahrzeugen, Einrichtungsgegenständen und Altpapier;

• Überlassung eines Telefons an im nichtunternehmerischen Bereich tätige
Arbeitnehmer zur privaten Nutzung;

● Überlassung von im nichtunternehmerischen Bereich eingesetzten Kraft-
  fahrzeugen an Arbeitnehmer zur privaten Nutzung.

Dabei gilt im Umsatzsteuerrecht der Grundsatz der Unternehmenseinheit

▶Das Unternehmen umfasst die **gesamte** gewerbliche oder berufliche Tätigkeit
des Unternehmers.

Dies gilt auch für die „großen" jPdöR, wie z. B. Bund und Länder. Auch jPdöR
unterhalten stets ein einziges Unternehmen im Sinne des § 2 Abs. 1 S. 2 UStG.
Vor diesem Hintergrund ist die Inanspruchnahme der sog. **Kleinunternehmerregelung** nach § 19 UStG zwar grundsätzlich möglich, aber regelmäßig wegen
des Überschreitens der maßgeblichen Umsatzgrenzen (steuerpflichtige Brutto-
Einnahmen aus der gesamten unternehmerischen Betätigung im vorangegangenen
Kalenderjahr nicht mehr als 22.000 € und im laufenden Kalenderjahr voraussichtlich nicht mehr als 50.000 €) ausgeschlossen. Zu bedenken ist auch,
dass Kleinunternehmer generell nicht zum Vorsteuerabzug und zum Verzicht auf
Steuerbefreiungen nach § 9 UStG berechtigt sind (Abschn. 15.1 Abs. 4 UStAE).

2.1.3 Sachverhalte mit Auslandsbezug und Reverse-Charge-Fälle

Bei **Leistungsbezügen aus dem Ausland** (d. h. Lieferungen und sonstige
Leistungen aus EU-Ländern oder Drittstaaten) und bei Umkehr der Steuerschuld-
nerschaft (sog. **Reverse-Charge-Fälle**) **schuldet** die jPdöR ausnahmsweise als
Leistungsempfängerin die Umsatzsteuer.
   Einfuhrumsätze (§ 1 Abs. 1 Nr. 4 UStG) und **innergemeinschaftliche
Erwerbe** (§ 1 Abs. 1 Nr. 5 UStG) stellen steuerbare Umsätze dar. Bei der
umsatzsteuerlichen Behandlung ist zwischen Lieferungen (Wareneinkauf) aus
EU-Mitgliedstaaten (sog. innergemeinschaftlicher Erwerb) und aus Drittländern
(sog. Einfuhr) und sonstigen Leistungen (Dienstleistungen) aus dem Ausland zu
differenzieren.

▶ **Beachte:** Die Umsatzsteuerpflichten entstehen regelmäßig unabhängig davon, ob die jPdöR Leistungen für ihren unternehmerischen
   oder den nichtunternehmerischen Bereich bezieht. Bei Einkäufen aus

dem Ausland für den nichtunternehmerischen (hoheitlichen) Bereich kommt es dabei zu einer echten Kostenbelastung.

Auch in den vorgenannten Fällen hat die jPdöR die Umsatzsteuer in ihren Umsatzsteuervoranmeldungen und Umsatzsteuerjahreserklärungen anzumelden und an das Finanzamt zu zahlen (s. hierzu unter Abschn. 2.4).

▶ **Praxishinweis** Die sich in derartigen Fällen ergebende, eigene Steuerpflicht wird in der Praxis regelmäßig verkannt. Bei Rechnungen aus dem Ausland sowie in Fällen, in denen die Rechnung etwaige Rechnungshinweise enthält, ist besondere Sorgfalt geboten!

2.2 Steuerpflichtigkeit

Liegen alle Voraussetzungen eines steuerbaren Umsatzes vor, stellt sich auf einer **zweiten Prüfungsebene** die Frage, ob dieser Umsatz **steuerpflichtig oder** nach **§ 4 UStG steuerfrei** ist (s. Abb. 2.1).

Ob eine Steuerbefreiung nach dem Katalog des § 4 UStG vorliegt, ist für jede einzelne Leistung gesondert zu prüfen.

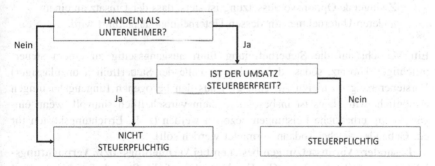

Abb. 2.1 Steuerpflichtig oder nicht?

In der Praxis relevante Steuerbefreiungstatbestände sind insbesondere

- Zinserträge (§ 4 Nr. 8 Buchst. a UStG)
- Grundstücksverkäufe (§ 4 Nr. 9 Buchst. a UStG)
- Vermietungen und Verpachtungen von Grundstücken und Gebäuden (§ 4 Nr. 12 S. 1 UStG)
- Eng mit der Sozialfürsorge und der sozialen Sicherheit verbundene Leistungen (§ 4 Nr. 18 UStG)
- Umsätze kultureller Einrichtungen und Veranstaltungen der öffentlichen Hand (§ 4 Nr. 20 UStG)
- Fortbildungen, Schulungen und andere Veranstaltungen wissenschaftlicher oder belehrender Art, die unter anderem von jPdöR durchgeführt werden, wenn die Einnahmen überwiegend zur Kostendeckung verwendet werden (§ 4 Nr. 22 UStG)
- Erziehung und Betreuung von Kindern und Jugendlichen (§ 4 Nr. 23 Buchst. a und b UStG)
- Leistungen der Kinder- und Jugendhilfe (nach dem SGB VIII; § 4 Nr. 25 UStG)
- Personalgestellungen durch religiöse und weltanschauliche Einrichtungen (§ 4 Nr. 27 Buchst. a UStG),
- Sog. Kostengemeinschaften (§ 4 Nr. 29 UStG)

Im Einzelfall ist unter den Voraussetzungen des § 9 UStG ein **Verzicht auf** die in § 9 Abs. 1 UStG genannten **Steuerbefreiungen** möglich (sog. **Option**).

▶   Zwingende Optionsvoraussetzung ist stets, dass der Umsatz an einen anderen Unternehmer für dessen Unternehmen ausgeführt wird.

Ein Verzicht auf die Steuerbefreiung führt ausgangsseitig zu einem steuerpflichtigen Umsatz, sodass derart ein (im Falle der Steuerfreiheit unzulässiger) Vorsteuerabzug (s. hierzu Abschn. 2.3) aus den bezogenen Eingangsleistungen ermöglicht wird. Dies ist insbesondere dann wirtschaftlich sinnvoll, wenn eingangsseitig erhebliche Leistungen bezogen werden (z. B. Errichtungskosten für ein Gebäude, welches sodann vermietet werden soll).

Besondere Voraussetzungen bestehen **bei Vermietungs- bzw. Verpachtungsleistungen** (§ 9 Abs. 2 UStG). Ein Verzicht auf die Steuerbefreiung des § 4 Nr. 12 S. 1 UStG ist nur möglich, wenn der Leistungsempfänger das Grundstück

ausschließlich für Umsätze verwendet oder zu verwenden beabsichtigt, die den Vorsteuerabzug nicht ausschließen.
Wird ein vermietetes bzw. verpachtetes Grundstück sowohl unternehmerisch als auch nichtunternehmerisch genutzt, kann im Einzelfall auch eine sog. **Teiloption** hinsichtlich des unternehmerisch genutzten Gebäudeteils möglich sein (s. Abschn. 9.1 Abs. 6 UStAE).

▶ **Praxishinweis:** Ist bei Vermietungs- bzw. Verpachtungsleistungen ein Verzicht auf die Steuerbefreiung des § 4 Nr. 12 S. 1 UStG gewollt, sollte im Vertrag eine spezielle **Steuerklausel** vereinbart werden, welche insbesondere die haftungsrechtlichen Konsequenzen einer vorsteuerschädlichen (also vertragswidrigen nichtunternehmerischen) Nutzung durch den Mieter bzw. Pächter regelt.

2.3 Vorsteuerabzug

▶ Der Vorsteuerabzug dient der **Belastungsneutralität der Umsatzsteuer** für den Unternehmer.

Für Eingangsleistungen, welche die jPdöR **als Unternehmerin** für eigene, **steuerbare** und **steuerpflichtige Ausgangsumsätze** verwendet, kann unter bestimmten Voraussetzungen die in einer ordnungsgemäßen (vgl. § 15 Abs. 1 Nr. 1 UStG sowie Abschn. 15.2a und 14.1 UStAE) Eingangsrechnung ausgewiesene Umsatzsteuer als Vorsteuer geltend gemacht werden.

Ein **Vorsteuerabzug scheidet** folglich **aus, wenn** die jPdöR bezogene Leistungen für im Inland nicht steuerbare oder steuerfreie Umsätze verwendet.

Verwendet die jPdöR die bezogenen Eingangsleistungen sowohl für Umsätze, die zum Vorsteuerabzug berechtigen, als auch für Umsätze, die den Vorsteuerabzug ausschließen, so hat sie die angefallenen Vorsteuerbeträge in einen abziehbaren und einen nicht abziehbaren Teil aufzuteilen (sog. **Vorsteueraufteilung**, vgl. Abschn. 15.2c UStAE).

Erfolgte zunächst ein Vorsteuerabzug und ändern sich in den Folgejahren die für den ursprünglichen Vorsteuerabzug maßgebenden Verhältnisse (s. vertiefend Abschn. 15a.2 Abs. 2 UStAE), kann nach § 15a UStG eine **Vorsteuerberichtigung** erforderlich werden.

► **Praxishinweis:** Auf die Erforderlichkeit einer Vorsteuerberichtigung ist insbesondere bei Grundstücken und Gebäuden zu achten.

Als erste **Orientierungshilfe** für die Prüfung, ob ein Vorsteuerabzug möglich und im Einzelfall eine Vorsteuerberichtigung erforderlich ist, kann Abb. 2.2 herangezogen werden.

Eingangsumsatz wird verwendet

ausschließlich unternehmerisch oder nichtunternehmerisch		*teilunternehmerisch (sowohl unternehmerisch als auch nichtunternehmerisch)*
↓	↓	↓
unternehmerisch	nicht-unternehmerisch	unternehmerisch und nichtwirtschaftlich i. e. S.
↓	↓	↓
voller Vorsteuerabzug nach § 15 Abs. 1 UStG	kein Vorsteuerabzug nach § 15 Abs. 1 UStG	Vorsteuerabzug nach § 15 Abs. 1 UStG, soweit unternehmerische Verwendung; keine Wertabgabenbesteuerung
↓	↓	↓
spätere nichtunternehmerische Verwendung	spätere unternehmerische Verwendung	Änderung des Verhältnisses unternehmerisch/nichtwirtschaftlich i. e. S.

Unterteilt in der dritten Spalte:

	mehr nichtwirtschaftlich i. e. S.	mehr unternehmerisch
	↓	↓

unentgeltliche Wertabgabe	Keine Einlageensteuerung	unentgeltliche Wertabgabe	keine Einlage-entsteuerung, aber
↓	↓	↓	↓
keine Berichtigung nach § 15a UStG	keine Berichtigung nach § 15a UStG	keine Berichtigung nach § 15a UStG	Berichtigung nach § 15a UStG aus Billigkeitsgründen

s. vertiefend BMF, Schr. v. 02.01.2012 – IV D 2 - S 7300/11/10002, BStBl. I 2012, 60.

Abb. 2.2   Orientierungshilfe zur Prüfung eines möglichen Vorsteuerabzugs

	ERSTMALIGE VERWENDUNG IM OPTIONSZEITRAUM NICHTUNTERNEHMERISCH + NACH ABLAUF OPTIONSZEITRAUM UNTERNEHMERISCH	ERSTMALIGE VERWENDUNG IM OPTIONSZEITRAUM UNTERNEHMERISCH + WÄHREND OPTIONSZEITRAUM BAUPHASE
§ 15 UStG	Kein Vorsteuerabzug bei Bezug	Vorsteuerabzug bei Bezug
§ 15a UStG	Spätere Berichtigung des Vorsteuerabzugs möglich	Berichtigung des Vorsteuerabzugs nur nötig, wenn tatsächlich Verwendung anders als geplant

Abb. 2.3 Vorsteuerkorrektur nach §§ 15 und 15a UStG

▶ **Praxishinweis:** Im Rahmen der Umstellung auf das neue Umsatzsteuerrecht können sich auch **Vorsteuerabzugspotenziale** ergeben,
wenn bei der Anschaffung keine Vorsteuern gezogen wurden, die
bezogenen Eingangsleistungen im Regime des § 2b UStG jedoch
ganz oder teilweise unternehmerisch genutzt werden.

Die Vorsteuerkorrektur i. Z. m. der Umstellung auf die neue Umsatzbesteuerung
der öffentlichen Hand lässt sich wie in Abb. 2.3 dargestellt zusammenfassen.

2.4 Verfahrensrechtliche Grundlagen und Pflichten

Einnahmen im Zusammenhang mit entgeltlichen Leistungen, welche die jPdöR
als Unternehmerin erbringt, sind zu ermitteln und sodann in **Umsatzsteuervoranmeldungen** und **Umsatzsteuerjahreserklärung** fristgerecht anzumelden.

▶ Dies gilt sowohl für umsatzsteuerpflichtige als auch für umsatzsteu-
erfreie Umsätze!

Diesen Pflichten kann der Unternehmer nur dann vollumfänglich nachkommen,
wenn er über eine lückenlose Aufzeichnung der Besteuerungsgrundlagen, also

aller rechtlichen und tatsächlichen Verhältnisse, die für die Bemessung der Umsatzsteuer von Bedeutung sind, verfügt. Dem Unternehmer obliegt daher eine gesetzliche **Aufzeichnungspflicht** (§ 22 Abs. 1 UStG).

2.4.1 Umsatzsteuervoranmeldungen

Die Umsatzsteuervoranmeldungen (kurz: USt-VA) sind für jeden Voranmeldungszeitraum bis zum 10. Tag nach Ablauf des jeweiligen Voranmeldungszeitraums einheitlich für das gesamte Unternehmen (s. hierzu Abschn. 2.1.2) nach amtlich vorgeschriebenem Datensatz durch Datenfernübertragung nach Maßgabe der Steuerdaten-Übermittlungsverordnung (kurz: StDÜV) zu übermitteln. Abhängig von der Steuer für das vorangegangene Kalenderjahr ist **Voranmeldungszeitraum** das Kalendervierteljahr oder der Kalendermonat (§ 18 Abs. 2 UStG).

Die USt-VA enthalten (vereinfacht; s. vertiefend Abschn. 18.1 UStAE) eine Erklärung über die Besteuerungsgrundlagen und die Berechnung der daraus resultierenden Umsatzsteuer. Die berechnete Umsatzsteuer wird dabei mit der abzugsfähigen Vorsteuer saldiert (s. § 16 Abs. 1 und 2 UStG).

Verfahrenstechnisch berechnet der Unternehmer damit die „zu entrichtende Steuer" bzw. Erstattung (§ 18 Abs. 3 S. 1 UStG) selbst und meldet sie selbst an (sog. **Steueranmeldung,** § 150 Abs. 1 S. 3 AO). Ergibt sich hiernach eine Umsatzsteuervorauszahlungspflicht, ist diese bis zum 10. Tag nach Ablauf des Voranmeldungszeitraums zu entrichten (§ 18 Abs. 1 S. 4).

Auf Antrag (§ 18 Abs. 6 UStG i. V. m. § 46 UStDV) kann dem Unternehmer eine sog. **Dauerfristverlängerung** für die Abgabe der USt-VA gewährt werden, wodurch sich die die Frist für die Abgabe und für die Entrichtung der Vorauszahlung um einen Monat verlängert.

In einer Gesamtschau „besteuert sich der Unternehmer selbst". Dies gilt auch für jPdöR, soweit diese unternehmerisch tätig werden. Dennoch drohen Verspätungszuschläge (§ 152 AO), Säumniszuschläge (§ 240 AO), Verzögerungsgelder (§ 146 Abs. 2b AO) sowie Zwangsgelder (§§ 328, 329 AO), wenn der Unternehmer seinen Pflichten nicht nachkommt. Notfalls wird gar eine (regelmäßig ungünstige) Schätzung vorgenommen (§ 162 AO).

Eine vorsätzlich oder leichtfertig nicht rechtzeitig eingereichte oder inhaltlich fehlerhafte Umsatzsteuervoranmeldung kann **persönliche steuerstrafrechtliche Konsequenzen (Steuerhinterziehung) für den gesetzlichen Vertreter** nach § 34 AO (je nach Einzelfall z. B. den Minister, den Amtschef, den (Ober-) Bürgermeister, den Behördenleiter, den Rektor oder Präsidenten etc.) haben.

2.4.2 Umsatzsteuerjahreserklärung

Die Umsatzsteuerjahreserklärung fasst i. W. die unterjährigen USt-VA zusammen. Sie ist regelmäßig bis zum 31.05. des folgenden Kalenderjahres (§ 149 Abs. 2 AO) für das Kalenderjahr abzugeben und nach amtlich vorgegebenem Datensatz durch Datenfernübertragung nach Maßgabe der StDÜV zu übermitteln. Auch die Jahreserklärung stellt eine Steueranmeldung dar.

Wird die Jahreserklärung nicht rechtzeitig abgegeben droht die Festsetzung von Verspätungszuschlägen (§ 152 AO) von bis zu 10 % der Zahllast bzw. maximal 25.000 € (Nr. 10 des AEAO zu § 152).

Weicht die Steuerberechnung in der Jahreserklärung (z. B. infolge der Korrektur eines in der USt-VA enthaltenen Fehlers) von der Steuerberechnung nach den USt-VA ab, wird der sich hiernach ergebende Unterschiedsbetrag einen Monat nach Eingang der Steueranmeldung fällig (§ 18 Abs. 4 S. 1 UStG).

2.4.3 Umgang mit Fehlern & steuerstrafrechtliche Risiken

Immer wenn es zu **Abweichungen** zwischen der Steuerberechnung nach den USt-VA und der Jahreserklärung kommt oder der Steuerpflichtige aus anderen Gründen erkennt, dass die abgegebenen USt-VA oder die Jahreserklärung unrichtig oder unvollständig sind, ist **höchste Sorgfalt geboten.** Insbesondere sind **steuerstrafrechtliche Risiken** im Auge zu behalten.

▶ Dies gilt in besonderem Maße, wenn eine **Steuerverkürzung** infrage kommt. Nicht selten steht in derartigen Fällen der Vorwurf einer **Steuerverkürzung** (§ 378 AO) oder **Steuerhinterziehung** (§ 378 AO) im Raum.

Handlungsbedarf ergibt sich auch vor dem Hintergrund, dass der Steuerpflichtige (bzw. sein gesetzlicher Vertreter) im Falle von Unrichtigkeiten oder Unvollständigkeiten nach § 153 Abs. 1 AO zur **Anzeige** und **Korrektur** verpflichtet ist.

▶ Damit einer Korrektur bzw. Nachholung einer fehlerhaften oder unvollständigen Voranmeldung die Wirkung einer **strafbefreienden Selbstanzeige** (§ 371 AO) zukommt, müssen alle Angaben in der Korrektur bzw. der nachgeholten Steueranmeldung vollständig und richtig sein.

Die Anforderungen an eine strafbefreiende Selbstanzeige sind damit insbesondere bei rechtlich oder tatsächlich unklaren Sachverhalten außerordentlich hoch. Ihnen gerecht zu werden erfordert größtmögliche Sorgfalt.

In derartigen Fällen ist dringend empfohlen, sich steuer(straf)rechtlich beraten zu lassen!

▶   Praxishinweis: Der Unternehmer ist gut beraten, den vorgenannten steuerstrafrechtlichen Risiken vorausschauend zu begegnen und die ordnungsgemäße Erfüllung seiner umsatzsteuerrechtlichen Pflichten durch ein **Tax Compliance Management System** sicherzustellen (s. Abschn. 5.5).

Die Umsatzbesteuerung der öffentlichen Hand nach der alten Rechtslage

3.1 Einschränkung des Unternehmerbegriffs und Maßgeblichkeit des Körperschaftsteuerrechts

Aufgrund der (vermeintlichen) Besonderheiten der Leistungserbringungen durch jPdöR schränkt die Sonderregelung des § 2 Abs. 3 S. 1 UStG in der am 31. Dezember 2015 geltenden Fassung (im Folgenden: § 2 Abs. 3 UStG a. F.) den weiten allgemeinen Unternehmerbegriff des § 2 Abs. 1 UStG (s. Abschn. 2.1.2) erheblich ein.

► Nach § 2 Abs. 3 S. 1 UStG a. F. sind jPdöR nur im Rahmen ihrer BgA i. S. v. § 1 Abs. 1 Nr. 6 i. V. m. § 4 Abs. 1 KStG sowie ihrer land- und forstwirtschaftlichen Betriebe gewerblich oder beruflich (und damit unternehmerisch) tätig.

Daneben müssen für eine Umsatzbesteuerung die allgemeinen Voraussetzungen des § 2 Abs. 1 UStG hinzutreten. In der Besteuerungspraxis führt diese hohe Hürde dazu, dass die jPdöR bisweilen weit überwiegend nicht unternehmerisch tätig sind.

► Bis zur zwingenden Anwendung des § 2b UStG ab dem 01.01.2025 **gilt** diese **alte Rechtslage** nach § 27 Abs. 22 UStG **bis zum 31.12.2024 fort, wenn** die jPdöR bis zum 31.12.2016 gegenüber dem Finanzamt erklärt hat, dass sie § 2 Abs. 3 UStG a. F. weiterhin anwendet und diese Option nicht zuvor nach § 25 Abs. 22 S. 6 UStG widerruft.

T. Küffner und A. Tsyganov, *Umsatzbesteuerung der öffentlichen Hand*, essentials, https://doi.org/10.1007/978-3-658-43140-2_3

Der jPdöR steht damit im Übergangszeitraum ein Wahlrecht zwischen der neuen und alten Rechtslage zu, sodass sie die für sie günstigere Umsatzbesteuerung anwenden kann. Ein Widerruf ist auch für die Vergangenheit zum Beginn eines Kalenderjahres möglich, wenn für den Veranlagungszeitraum noch keine materielle Bestandskraft eingetreten ist (vgl. BMF, Schr. v. 16.12.2016, Rn. 59).

3.2 Betrieb gewerblicher Art, Hoheitsbetrieb und Vermögensverwaltung – eine notwendige Abgrenzung

Bei jPdöR sind die BgA von den Hoheitsbetrieben und der Vermögensverwaltung abzugrenzen. Letztere schließen die Annahme eines BgA aus und haben damit nach der alten Rechtslage keine umsatzsteuerrechtliche Relevanz.

3.2.1 Betrieb gewerblicher Art

► **Betrieb gewerblicher Art – § 4 Abs. 1 KStG:** BgA von jPdöR sind alle **Einrichtungen,** die einer **nachhaltigen wirtschaftlichen Tätigkeit** zur **Erzielung von Einnahmen außerhalb** der **Land- und Forstwirtschaft** dienen und die sich innerhalb der Gesamtbetätigung der juristischen Person **wirtschaftlich herausheben,** wobei die Absicht, Gewinn zu erzielen und die Beteiligung am allgemeinen wirtschaftlichen Verkehr nicht erforderlich sind.

Ein BgA muss damit nach § 4 KStG folgende Tatbestandsmerkmale kumulativ erfüllen

- Einrichtung
- Nachhaltigkeit
- Einnahmeerzielung
- Wirtschaftlich herausgehobene Tätigkeit
- Kein land- und forstwirtschaftlicher Betrieb
- *Abgrenzung:* Kein Hoheitsbetrieb (s. § 4 Abs. 5 sowie ausführlicher Abschn. 3.2.2)
- *Abgrenzung:* Keine Vermögensverwaltung (s. ausführlicher Abschn. 3.2.3)

Einrichtung: Unter Einrichtung ist jede nachhaltige und selbständige Tätigkeit, die sich als wettbewerbsrelevante Tätigkeit von den übrigen Aufgaben der jPdöR abgrenzen lässt, zu verstehen (vgl. R 4.1 Abs. 4 S. 2 KStR). Eine organisatorische Eigenständigkeit ist nicht erforderlich. Maßgeblich ist eine wirtschaftliche Selbständigkeit, die sich insb. in einer gesonderten Geschäftsleitung, getrennten Buchführung oder einem gesondert geführten Haushalt äußern kann.

Nachhaltigkeit: Für eine Nachhaltigkeit genügt bereits die Wiederholungsabsicht hinsichtlich der Tätigkeit.

Einnahmeerzielungsabsicht: Ausreichend ist ferner bereits eine Einnahmeerzielungsabsicht, also die Absicht nicht nur gelegentlich Tätigkeiten im Rahmen eines Leistungsaustausches auszuüben. Auf eine Gewinnerzielungsabsicht kommt es nicht an, sodass grundsätzlich auch dauerdefizitäre BgA denkbar sind.

Wirtschaftlich herausgehobene Tätigkeit: An das Vorliegen einer **wirtschaftlichen Tätigkeit** sind keine hohen Anforderungen zu stellen. Es werden alle Tätigkeiten „gewerblicher Art" erfasst, die nach ihrem äußeren Erscheinungsbild einem Gewerbebetrieb vergleichbar sind (vgl. H 4.1 KStH). Derartige Tätigkeiten sind damit insbesondere von den Hoheitsbetrieben (s. Abschn. 3.2.2) abzugrenzen.

▶   **Beachte:** Trotz der begrifflichen Nähe darf die weit zu verstehende wirtschaftliche Tätigkeit i. S. d. § 4 Abs. 1 KStG nicht mit dem deutlich engeren Begriff der wirtschaftlichen Betätigung i. S. d. Kommunalwirtschaftsrechts gleichgesetzt werden.

Von besonderer Praxisrelevanz ist das Tatbestandsmerkmal des **wirtschaftlichen Heraushebens** innerhalb der Gesamtbetätigung der juristischen Person. Eine wirtschaftliche Bedeutsamkeit ist anzunehmen, wenn der Jahresumsatz i. S. v. § 1 Abs. 1 Nr. 1 UStG nachhaltig 45.000 € (bzw. 35.000 € bis 31.12.2021; R. 4.1 Abs. 5 KStR) übersteigt. Unterhalb dieses Jahresumsatzes liegt regelmäßig kein BgA vor (sog. **Nichtaufgriffsgrenze**).

3.2.2   Hoheitsbetrieb

▶ **Hoheitsbetrieb**
Sind Betriebe von jPdöR, die überwiegend der Ausübung der **öffentlichen Gewalt** dienen.

Öffentliche Gewalt
wird ausgeübt, wenn die jPdöR eine Tätigkeit wahrnimmt, die ihr **eigentümlich**
und **vorbehalten** ist. Dies ist der Fall bei der Erfüllung öffentlich-rechtlicher
Aufgaben, die **aus der Staatsgewalt abgeleitet** sind und **staatlichen Zwecken
dienen.** Ist die Tätigkeit der jPdöR hingegen wettbewerbsrelevant, liegt keine
öffentliche Gewalt vor.

Ein Hoheitsbetrieb kann insbesondere anzunehmen sein, wenn aufgrund gesetzlicher oder behördlicher Anordnung ein **öffentlich-rechtlicher Annahme- bzw.
Benutzungszwang** des Leistungsempfängers besteht (R 4.4 Abs. 1 KStR). Ein
derartiger Hoheitsbetrieb begründet keinen BgA. Eine Zusammenfassung von
BgA und Hoheitsbetrieben ist unzulässig (§ 4 Abs. 6 S. 2 KStG).

Typische Hoheitsbetriebe sind
- Schulen
- Vermessungs- und Katasterämter
- Wetterwarten
- Schlachthöfe in Gemeinden mit Schlachtzwang
- Krematorien und Friedhofsverwaltungen
- Anstalten zur Lebensmitteluntersuchung
- Anstalten zur Desinfektion
- Anstalten zur Straßenreinigung
- Anstalten zur Abführung von Abwässern und Abfällen (*nicht* zur
  Wasserversorgung!)

▶   Kein Hoheitsbetrieb liegt vor, wenn die jPdöR eine Tätigkeit ent-
    faltet, die sich ihrem Inhalt nach von der Tätigkeit eines priva-
    ten gewerblichen Unternehmens nicht wesentlich unterscheidet und
    daher wettbewerbsrelevant ist.

In derartigen Fällen schaltet sich die jPdöR in den allgemeinen wirtschaftlichen Verkehr ein und erbringt sog. **Wettbewerbs- bzw. Konkurrenztätigkei-
ten.** Bewegt sich die jPdöR in Bereichen der privatunternehmerischen Berufs-
und Gewerbeausübung, dürfen private Unternehmer durch den Wettbewerb mit
(grundsätzlich nicht steuerpflichtigen) jPdöR ihrerseits nicht benachteiligt werden
(BFH, Urt. v. 25.01.2005 – I R 63/03, BStBl. II 2005, 501 unter II. 2.).

► Ob eine (potenzielle) Wettbewerbssituation besteht, ist im räumlich wettbewerbsrelevanten Markt und damit regelmäßig länder- und bundesübergreifend zu ermitteln (BFH, Urt. v. 29.10.2008 – I R 51/07, BStBl II 2009, 1022 unter II. 2. b).

Allein der Umstand, dass eine Aufgabe der öffentlichen Verwaltung durch (Landes-) Gesetz vorbehalten ist, ist damit für eine Ausübung öffentlicher Gewalt i. S. d. § 4 Abs. 1 KStG nicht ausreichend.

3.2.3 Vermögensverwaltung

Die reine Vermögensverwaltung begründet keinen BgA.

► **Vermögensverwaltung:** Liegt vor, wenn sich die Betätigung als Nutzung von Vermögen im Sinne einer Fruchtziehung aus zu erhaltenden Substanzwerten darstellt und die Ausnutzung substantieller Vermögenswerte durch Umschichtung nicht entscheidend in den Vordergrund tritt (vgl. R 5.7 Abs. 1 S. 2 EStR).

Eine Vermögensverwaltung liegt z. B. in folgenden Fällen grundsätzlich vor

- Kapitalvermögen wird verzinslich angelegt.
- Vergabe von Krediten.
- Isolierte langfristige Vermietung oder Verpachtung von Grundstücken, Gebäuden und Gebäudeteilen (s. aber sogleich zum „Sonderfall" Verpachtungs-BgA).
- Das bloße Halten von Beteiligungen an Kapitalgesellschaften, wenn die jPdöR *keinen* entscheidenden Einfluss auf die Geschäftsführung ausübt, also *nicht* mittelbar über die Kapitalgesellschaft am wirtschaftlichen Geschäftsverkehr teilnimmt (vgl. BFH, Urt. v. 30.06.1971 – I R 57/70, BStBl. II 1971, 753).
- Halten von Beteiligungen an einer ausschließlich vermögensverwaltend tätigen Kapitalgesellschaft, gemeinnützigen Kapitalgesellschaft oder Personengesellschaft; hier erschöpft sich bereits die Tätigkeit der Gesellschaften in der reinen Vermögensverwaltung (vgl. BMF, Schr. v. 21.06.2017 – IV C 2 – S 2706/14/10001, BStBl. I 2017, 880, Rn. 7 und BFH, Urt. v. 29.11.2017 – I R 83/15, BStBl. II 2018, 495).

Gehören derartige Betätigungen allerdings zum Gegenstand eines Gewerbebe-
triebes der jPdöR, können diese nicht dem vermögensverwaltenden Bereich
zugeordnet werden.

▶ **Sonderfall:** Verpachtungs-BgA.

Zwar stellt die isolierte langfristige Vermietung bzw. Verpachtung von Grundstücken, Gebäuden und Gebäudeteilen grundsätzlich eine Form der Vermögensverwaltung dar. Die Schwelle zur Gewerblichkeit wird jedoch überschritten, wenn
nicht nur das Grundvermögen als solches, sondern darüber hinaus auch wesentliche Betriebsgrundlagen und damit faktisch ein eigenständiger BgA überlassen
wird.

Übersicht
Die Verpachtung eines BgA wird gem. § 4 Abs. 4 KStG dem Betreiben
eines BgA gleichgestellt (sog. **Verpachtungs-BgA**), wenn

- die überlassenen Wirtschaftsgüter die wesentlichen Grundlagen des
  Betriebs ausmachen, mit denen der Pächter sogleich ohne größere Vor-
  kehrungen einen Gewerbebetrieb ausüben kann (andernfalls liegt eine
  bloße Vermögensverwaltung vor) **und**
- die Tätigkeit bei der jPdöR als Verpächter einen BgA darstellen würde,
  wobei es für die Frage, ob sich die Tätigkeit wirtschaftlich heraushebt,
  auf die Umsätze des Pächters ankommt (R. 4.1 Abs. 5 S. 6 f. KStR).

Die jPdöR kann sich nicht durch das Zwischenschalten eines privaten Dritten
ihrer Steuerpflicht entziehen (BFH, Urt. v. 10.12.2019 – I R 58/17, BStBl. II
2021, 45, Rn. 19).

Beispiel

Ein Verpachtungs-BgA liegt regelmäßig bei der Vermietung bzw. Verpachtung einer voll ausgestatteten **Gaststätte, Kantine,** eines **Ladenlokals** oder
Campingplatzes einschließlich Inventar vor.
    Würde die jPdöR derartige Tätigkeiten unmittelbar selbst ausführen,
bestünden keine Zweifel am Vorliegen eines BgA. Die steuerlichen Folgen
müssen in beiden Fällen identisch sein.◀

Auch bei der Vermietung oder Verpachtung einer Einrichtung bzw. Anlage samt Inventar (z. B. eines **Hallen- oder Freibads, einer Sportstätte** oder **Stadt- und Mehrzweckhalle**) ist ein Verpachtungs-BgA grundsätzlich (s. zu den Besonderheiten sogleich) gegeben.

▶   **Praxishinweis:** In der Praxis wird die (zumeist dauerdefizitäre) Einrichtung bzw. Anlage oftmals gegen ein bloß **symbolisches Entgelt** verpachtet. Zusätzlich wird der Pächter nicht selten erst durch **(Betriebskosten-) Zuschüsse** der jPdöR in die Lage versetzt, die Einrichtung bzw. Anlage zu betreiben und die Pacht wirtschaftlich zu stemmen.

Nach der neueren Rechtsprechung (BFH, Urt. v. 10.12.2019 – I R 58/17, BStBl. II 2021, 945) liegt in einem solchen Fall eine **Unentgeltlichkeit** vor. Der Begriff der „Verpachtung" i. S. d. § 4 Abs. 4 KStG setzt eine Entgeltlichkeit voraus, sodass **in derartigen Fällen kein Verpachtungs-BgA** vorliegt. Diese Wertungen schlagen (jedenfalls nach alter Rechtslage) unmittelbar auf die umsatzsteuerliche Behandlung durch. Die Finanzverwaltung hat sich dem angeschlossen (BMF, Schr. v. 15.12.2021 – IV C 2 – S 2706/19/10008:001, BStBl. I 2021, 2483), beanstandet jedoch nicht, wenn die bisher geltenden Grundsätze bis zum 31.12.2024 (BMF, Schr. v. 26.01.2023 – IV C 2 – S 2706/19/10008:001, BStBl. I 2023, 222) angewandt werden. Im Falle eines asymmetrischen Missverhältnisses von Leistung und Gegenleistung (Entgelt) liegt bereits **kein Leistungsaustausch** vor (s. BFH, Urt. v. 22.06.2022 – XI R 35/19, BFH/NV 2023, 39).

Die Konsequenzen dieser Rechtsprechung sind weitreichend Mangels steuerbaren Umsatzes scheidet der Vorsteuerabzug in Bezug auf (zukünftige) Sanierungen aus. Wurden für die bisherigen Anschaffungs- und Herstellungskosten Vorsteuern abgezogen, kann eine Vorsteuerberichtigung nach § 15a UStG erforderlich werden.

▶   **Praxishinweis:** Derartige Gestaltungen sollten in der Praxis daher im Sinne der Rechtssicherheit nicht ohne Einholung einer **verbindlichen Auskunft** nach § 89 AO erfolgen.

3.3 Beistandsleistungen als Besonderheit der öffentlichen Hand

Ferner begründen auch sog. Beistandsleistungen keinen BgA.

▶ **Beistandsleistungen** sind gegeben, wenn eine jPdöR für eine andere jPdöR tätig wird, für sie also Aufgaben in „Ausübung hoheitlicher Gewalt" erfüllt. Es handelt sich um eine Form der Amtshilfe (vgl. Art. 35 Abs. 1 GG).

Es ist darauf abzustellen, ob die jeweilige Tätigkeit, würde sie vom Leistungsempfänger selbst ausgeübt, als hoheitliche Tätigkeit oder zumindest als hoheitliche Teilaufgabe oder hoheitliches Hilfsgeschäft zu qualifizieren wäre. Eine nach ihrem Charakter hoheitliche Tätigkeit bleibt damit hoheitlich, auch wenn sie im Wege einer Beistandsleistung an einen BgA oder den vermögensverwaltenden Bereich der anderen jPdöR erbracht wird.

Beispiel

Besorgt eine Abwasserzweckverband (jPdöR) für eine Gemeinde (jPdöR) gegen Entgelt die Abwasserbeseitigung, steht der hoheitliche Charakter der Abwasserbeseitigung (s. Abschn. 3.2.2) der Annahme eines BgA entgegen. Es handelt sich um eine nicht steuerbare Beistandsleistung, die weder der Körperschaftsteuer noch der Gewerbesteuer unterliegt. Nach § 2 Abs. 3 UStG a. F. unterliegt sie demzufolge auch nicht der Umsatzsteuer.◄

Weitergehender wird bei der ausführenden jPdöR kein BgA begründet, wenn sie im Rahmen der Amtshilfe zwar eine nicht hoheitliche Tätigkeit (z. B. Büroarbeiten, Datenverarbeitung etc.) ausführt, die aber final dem hoheitlichen Bereich einer anderen jPdöR dient.

Demgegenüber wird eine nach ihrem Inhalt nicht hoheitliche Tätigkeit nicht allein dadurch zur „Ausübung hoheitlicher Gewalt", dass sie im Wege der Amtshilfe erfolgt (vgl. H 4.4 KStR 2022).

Beispiel

Übernimmt das Rechtsmedizinische Institut einer Universität (jPdöR) für eine Landespolizeibehörde (jPdöR) gegen Entgelt ihrem Charakter nach nicht hoheitliche, der öffentlichen Hand nicht vorbehaltene, Blutalkoholuntersuchungen, liegt mangels hoheitlicher Gewalt keine nicht steuerbare

Beistandsleistung, sondern (bei Überschreiten der Nichtaufgriffsgrenze) ein BgA vor.

Die im Rahmen eines BgA erbrachten Leistungen sind nach § 2 Abs. 3 UStG a. F. umsatzsteuerbar und – soweit keine Steuerbefreiung nach § 4 UStG vorliegt – steuerpflichtig.◄

Die Umsatzbesteuerung der öffentlichen Hand nach der neuen Rechtslage – § 2b UStG

4

Bereits 2015 (!) hat der Gesetzgeber die Umsatzbesteuerung der jPdöR neu geregelt. Der § 2 Abs. 3 UStG wurde gestrichen. Die Frage der Umsatzsteuerbarkeit sowie der Unternehmereigenschaft einer jPdöR richtet sich nunmehr grundsätzlich nach der allgemeinen Regelung des § 2 Abs. 1 und § 2b UStG (s. hierzu bereits Kap. 2). Die Anknüpfung an das Körperschaftsteuerrecht gibt es nicht mehr.

> **Mit dieser Gesetzesänderung geht ein grundlegender systematischer Wandel einher**
>
> - Das **Umsatzsteuerrecht wird vollständig von dem Körperschaftsteuerrecht abgekoppelt.** Insbesondere die Nichtaufgriffsgrenze für BgA (s. Abschn. 3.2.1) ist unter § 2b UStG irrelevant.
> - **Für jeden Umsatz** ist daher eine **autonome umsatzsteuerrechtliche Würdigung** vorzunehmen.
> - **Vermögensverwaltung schließt die Steuerbarkeit nicht** (mehr) **aus** (s. Abschn. 3.2.3), was zu einer erheblichen Zunahme (erstmalig) umsatzsteuerrelevanter Sachverhalte führt.

Die Gesetzesänderung ist Reaktion auf erhebliche **unionsrechtliche Bedenken** (s. exemplarisch Prüfungsmitteilung des Bundesrechnungshofes vom 26.08.2021, Gz. VIII 2–2019–0285/1) und eine zunehmend einschränkende bzw. unionsrechtskonforme Auslegung des alten Rechts durch die Rechtsprechung. Die neuen Regelungen sollen die unionsrechtlichen Vorgaben des Art. 13 MwStSystRL umsetzen (s. hierzu Beschlussempfehlung und Bericht des Finanzausschusses v. 23.9.2015, BT-Drucks. 18/6094, 91).

© Der/die Autor(en), exklusiv lizenziert an Springer Fachmedien Wiesbaden GmbH, ein Teil von Springer Nature 2023
T. Küffner und A. Tsyganov, *Umsatzbesteuerung der öffentlichen Hand*, essentials, https://doi.org/10.1007/978-3-658-43140-2_4

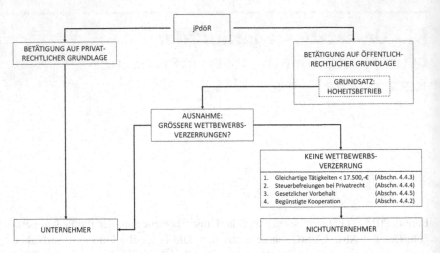

Abb. 4.1 Umsatzbesteuerung der öffentlichen Hand nach der neuen Rechtslage (vereinfacht)

Allerdings erfolgte im UStG keine eins-zu-eins Umsetzung der MwStSystRL, sodass die nationalen Regelungen im Detail vom Unionsrecht abweichen. Dies äußert sich bereits bei dem Begriff der „jPdöR", welche dem Unionsrecht nicht bekannt ist.

Grafisch lässt sich die Umsatzbesteuerung der öffentlichen Hand nach der neuen Rechtslage (vereinfacht) wie in Abb. 4.1 dargestellt zusammenfassen.

„Entlang der gesetzlichen Regelung" des § 2b UStG wird nachstehend auf die wesentlichen Aspekte der Gesetzesnovelle eingegangen.

4.1   Unternehmerbegriff nach §§ 2 und 2b UStG

Unter den allgemeinen Voraussetzungen des § 2 Abs. 1 UStG (s. hierzu bereits Kap. 2) unterliegen grundsätzlich alle steuerbaren Umsätze der jPdöR – wie bei jedem anderen Unternehmer auch – der Umsatzbesteuerung.

▶   **jPdöR** sind im Regime des § 2b UStG **grundsätzlich als Unternehmer anzusehen, wenn** sie selbstständig eine nachhaltige Tätigkeit zur Erzielung von Einnahmen (wirtschaftliche Tätigkeit) ausüben (s. BMF, Schr. v. 16.12.2016, Rn. 4 sowie Abschn. 2.1.2)!

Damit wird das bisherige Regel-Ausnahme-Verhältnis (Unternehmereigenschaft der jPdöR nur im Rahmen ihrer BgA sowie Land- und Forstwirtschaft, s. hierzu Kap. 3) umgekehrt. **Hilfsgeschäfte** bleiben mangels Nachhaltigkeit aber weiterhin nichtunternehmerische Tätigkeiten (s. hierzu bereits Abschn. 2.1.2 sowie BMF, Schr. v. 16.12.2016, Rn. 19 f.).

▶ Der **§ 2b UStG** bestimmt zu diesem Grundsatz besondere Ausnahmen (s. Abschn. 4.4), ist also eine grundsätzlich **eng auszulegende Ausnahmevorschrift zu § 2 Abs. 1 UStG.**

Hinsichtlich der in **§ 2b Abs. 4 UStG** genannten **Katalogtätigkeiten** gelten (gesetzliche Fiktion) jPdöR bei Vorliegen der allgemeinen Voraussetzungen des **§ 2 Abs. 1 UStG stets** als **Unternehmer.** Auf die tatsächlichen Umstände kommt es nicht an. Die Ausnahmetatbestände des § 2b UStG sind generell ausgeschlossen.

Über den Verweis auf **Anhang I der MwStSystRL** in § 2b Abs. 4 Nr. 5 UStG werden die relevanten Katalogtätigkeiten nochmals erheblich erweitert. Die Unternehmerfiktion greift insoweit aber nur, wenn der Umfang der jeweiligen Katalogtätigkeit i. S. d. § 2b Abs. 4 Nr. 5 UStG i. V. m. Anhang I der MwStSystRL *„nicht unbedeutend"* ist. Hiervon ist auszugehen, wenn die mit der jeweiligen Katalogtätigkeit erzielten Umsätze jeweils einen Betrag i. H. v. 17.500 € pro Jahr übersteigen. Von besonderer praktischer Relevanz ist in diesem Zusammenhang die „Lieferung von Wasser, Gas, Elektrizität und thermischer Energie" (Nr. 2 des Anhang I zur MwStSystRL).

4.2 Anwendbarkeit des § 2b UStG – Hoheitsvorbehalt

Auf die Ausnahmeregelungen des § 2b UStG (s. im Detail Abschn. 4.4) kann sich die jPdöR nur berufen, wenn § 2b UStG überhaupt anwendbar ist. Hierfür muss die im Einzelfall ausgeübte Tätigkeit der jPdöR **„im Rahmen der öffentlichen Gewalt obliegen"** (sog. **Hoheitsvorbehalt**).

▶ Als Tätigkeiten, die einer jPdöR i. R. d. öffentlichen Gewalt obliegen, kommen nur solche in Betracht, bei denen die jPdöR auf Grundlage einer **öffentlich-rechtlichen Sonderregelung** tätig wird (s. BMF, Schr. v. 16.12.2016, Rn. 6)!

Eine öffentlich-rechtliche Sonderregelung kann sich ergeben aus
- einem Gesetz
- einer Rechtsverordnung
- einer Satzung (s. hierzu BMF, Schr. v. 16.12.2016, Rn. 8 f.)
- Staatsverträgen, verfassungsrechtlichen Verträgen, Verwaltungsabkommen und Verwaltungsvereinbarungen (s. hierzu BMF, Schr. v. 16.12.2016, Rn. 10 f.)
- öffentlich-rechtlichen Verträgen (s. hierzu BMF, Schr. v. 16.12.2016, Rn. 12 ff.) sowie
- kirchenrechtlicher Rechtsetzung.

▶ Erbringt eine jPdöR Tätigkeiten hingegen in **privatrechtlicher Handlungsform** und damit unter den gleichen rechtlichen Bedingungen wie private Wirtschaftsteilnehmer, werden diese Tätigkeiten **generell nicht von § 2b UStG erfasst.**

Anders ausgedrückt Ein Tätigwerden auf privatrechtlicher Grundlage schließt die Anwendbarkeit des § 2b UStG generell aus. Soll eine Umsatzbesteuerung vermieden werden, ist (neben dem Vorliegen der weiteren Voraussetzungen des § 2b UStG) zwingend ein öffentlich-rechtliches Handeln erforderlich.

Dies gilt auch, wenn eine an sich öffentlich-rechtliche Sonderregelung in privatrechtlicher Handlungsform umgesetzt wird (s. BMF, Schr. v. 16.12.2016, Rn. 6). Auf den Inhalt der Tätigkeit kommt es nicht an. Allein die formale Handlungsform ist maßgeblich.

▶ **Konsequenz:** Tätigkeiten auf privatrechtlicher Grundlage sind zukünftig bereits ab dem 1. Euro umsatzsteuerbar!

Damit geht eine erhebliche Zunahme (erstmalig) umsatzsteuerrelevanter Sachverhalte einher. Insbesondere im Bereich der Vermögensverwaltung handeln jPdöR regelmäßig auf privatrechtlicher Grundlage (z. B. privatrechtlicher Miet- oder Pachtvertrag). Zugleich ergibt sich aus dem Umstand, dass die umsatzsteuerliche Beurteilung strikt der im Einzelfall gewählten Handlungsform folgt, auch ein gewisses Gestaltungspotenzial.

▶ **Praxishinweis**

Soll ein Vorsteuerabzug geltend gemacht werden, bedarf es u. a. steuerbarer Ausgangsumsätze. Hierzu genügt fortan bereits ein Handeln in privatrechtlicher Handlungsform. **Insbesondere bei der Regelung von Benutzungsverhältnissen** besteht regelmäßig eine Formenwahlfreiheit (BVerwG, Urt v. 06.04.2005 – 8 CN 1.04). So kann z. B. das Nutzungsverhältnis für ein kommunales Schwimmbad öffentlich-rechtlich im Wege einer Gebührensatzung oder privatrechtlich über Allgemeine Geschäftsbedingungen geregelt werden.

4.3 Allgemeiner Wettbewerbsvorbehalt nach § 2b Abs. 1 S. 2 UStG

Tätigkeiten einer jPdöR, die diese (zulässigerweise) im Rahmen öffentlich-rechtlicher Sonderregelungen ausführt (s. Abschn. 4.2), unterliegen nur dann der Umsatzsteuer, wenn die **Nichtbesteuerung** dieser Leistungen zu **größeren Wettbewerbsverzerrungen** führen würde (s. BMF, Schr. v. 16.12.2016, Rn. 22).

Die Ausnahmeregelungen des § 2b UStG finden damit nur dann Anwendung, wenn eine Behandlung der jPdöR als Nichtunternehmer *nicht* zu größeren Wettbewerbsverzerrungen führt (§ 2b Abs. 1 S. 2 UStG; sog. **Wettbewerbsvorbehalt**).

Weder der Begriff der „**größeren Wettbewerbsverzerrung**" noch des „**Wettbewerbs**" ist im UStG definiert. In § 2b Abs. 2 und 3 UStG findet sich lediglich eine Negativabgrenzung zu Fällen, in denen nach dem Verständnis des nationalen Gesetzgebers keine größere Wettbewerbsverzerrung vorliegen soll (s. hierzu im Detail Abschn. 4.4).

Die Begriffe werden allerdings im BMF, Schr. v. 16.12.2016, Rn. 23 ff. konkretisiert

▶ **Wettbewerb**

Setzt voraus, dass die von einer jPdöR auf öffentlich-rechtlicher Grundlage erbrachte Leistung gleicher Art auch von einem privaten Unternehmer erbracht werden könnte. Die Tätigkeit der jPdöR muss also marktrelevant sein (s. BMF, Schr. v. 16.12.2016, Rn. 23).

Größere Wettbewerbsverzerrungen
i. S. d. § 2b UStG entstehen, wenn öffentliche und private Anbieter marktrelevant aufeinandertreffen können und aufgrund der unterschiedlichen Besteuerung die Wettbewerbssituation zugunsten oder zulasten eines Marktteilnehmers verfälscht wird. Größer sind Wettbewerbsverzerrungen bereits dann, wenn sie nicht lediglich unbedeutend sind (s. BMF, Schr. v. 16.12.2016, Rn. 30 f.).

Die Finanzverwaltung legt damit ein weites Verständnis zugrunde. Dies ist dem Ausnahmeregelungscharakter des § 2b UStG geschuldet (s. hierzu Abschn. 4.1).

Jedenfalls ist bereits ein **potenzieller Wettbewerb,** bei dem ein Aufeinandertreffen öffentlicher und privater Anbieter real möglich und nicht nur rein hypothetisch ist, schädlich.

Ein **Wettbewerb** kann sich hiernach bereits aus der **Art der Leistung** ergeben (s. BMF, Schr. v. 16.12.2016, Rn. 24 f.). Zwei Leistungen sind gleichartig und stehen deshalb in einem Wettbewerbsverhältnis, wenn sie aus der Sicht des Durchschnittsverbrauchers dieselben Bedürfnisse befriedigen.

> **Beispiel**
>
> Die Zuteilung von Standplätzen gegen Gebühr in einem dem öffentlichen Verkehr gewidmeten Parkhaus einer jPdöR steht im Wettbewerb zu der auf privatrechtlicher Grundlage gegen Entgelt erbrachten Parkplatzüberlassung in einem Parkhaus eines privaten Anbieters.◄

Kein Wettbewerb besteht hingegen **bei originär hoheitlichem Handeln,** da insoweit Private auch potenziell nicht tätig werden können (s. hierzu auch Abschn. 4.4.5).

> **Beispiel**
>
> Ein originär hoheitliches Handeln liegt z. B. vor:
>
> - bei der Erteilung verbindlicher Auskünfte nach § 89 Abs. 2 AO,
> - bei der Ausstellung von Ausweisdokumenten nach § 7 PAuswG, oder
> - bei Tätigkeiten, die einem **kommunalrechtlichen Anschluss- und Benutzungszwang** unterliegen, bspw. der Entsorgung von Abfällen aus privaten

Haushaltungen, der Abwasserbeseitigung, der Benutzung von Schlachthö-
fen, Leichenhäusern und Bestattungseinrichtungen, soweit eine öffentlich-
rechtliche Handlungsform, z. B. eine Gebührensatzung, gewählt wird
(s. hierzu bereits Abschn. 4.2).◄

In **räumlicher Hinsicht** ist die Prüfung der Marktrelevanz grundsätzlich nicht
auf einen lokalen Markt beschränkt.

► Maßgeblich ist, ob eine reale und nicht nur rein hypothetische
Möglichkeit besteht, dass ein privatrechtlicher Wettbewerber in den
relevanten Markt eintritt.

Dabei kann je nach Einzelfall ein landes-, bundes- oder gar unionsweiter Prüf-
maßstab anzulegen sein. Liegen für Leistungen gleicher Art in einem räumlich
abgegrenzten Bereich besondere Abnahme- und Annahmeverpflichtungen vor,
soll dies aber grundsätzlich den räumlich relevanten Markt begrenzen und
definieren (BMF, Schr. v. 16.12.2016, Rn. 27).

4.4 Wettbewerbsausschluss nach § 2b Abs. 2 und 3 UStG

Ist § 2b UStG anwendbar (s. Abschn. 4.2), kann für die Frage, ob eine
Behandlung der jPdöR als Nichtunternehmerin (nicht) zu größeren Wettbewerbsverzerrungen führt, auf die Bestimmungen des § 2b Abs. 2 und 3 UStG
zurückgegriffen werden.

4.4.1 Allgemeines

Der nationale Gesetzgeber bestimmt in § 2b Abs. 2 und 3 UStG konkrete Fälle, in
denen größere Wettbewerbsverzerrung *nicht* vorliegen, in denen also unter den
allgemeinen Voraussetzungen des § 2b UStG eine Nichtbesteuerung der jPdöR
erfolgt.
   Die nationalen Regelungen müssen dabei im Lichte der unionsrechtlichen
Bestimmungen verstanden und ausgelegt werden. Schließlich bezweckt die Einführung des § 2b UStG die Beseitigung unionsrechtlicher Bedenken und der
Umsetzung des Art. 13 MwStSystRL in nationales Recht (s. einleitend unter
Kap. 4). Der einzelne Mitgliedstaat und damit der jeweilige nationale Gesetzgeber

kann sich nicht eigenmächtig über die unionsrechtlichen Vorgaben hinwegsetzen. Er ist zur Umsetzung des Unionsrechts verpflichtet.

Die **Europäische Kommission** behält die Umsetzung und Einhaltung des Unionsrechts dabei mit Argusaugen im Blick. Bei Verstößen kann sie ein **Vertragsverletzungsverfahren** nach Art. 258 AEUV gegen den Mitgliedstaat einleiten (s. sogleich Abschn. 4.4.2).

4.4.2   Faktische Unbeachtlichkeit des § 2b Abs. 3 Nr. 2 UStG

Es kam, wie es kommen musste: Die Europäische Kommission hegte Zweifel an der Unionsrechtkonformität des neu geschaffenen **§ 2b Abs. 3 Nr. 2 UStG** und drohte insoweit die Einleitung eines Vertragsverletzungsverfahrens an.

Die Regelung bezweckte die umsatzsteuerrechtliche Begünstigung von Kooperationen zwischen jPdöR und damit die „Rettung" der nach altem Recht nicht steuerbaren Beistandsleistungen (s. hierzu Abschn. 3.3). Eine umsatzsteuerrechtliche Begünstigung von Kooperationen zwischen jPdöR ist in Art. 13 MwStSystRL aber weder vorgesehen noch angelegt.

Um dem drohenden Vertragsverletzungsverfahren möglichst gesichtswahrend zuvorzukommen reagierte die deutsche Finanzverwaltung mit Erlass des BMF, Schr. v. 14.11.2019 – III C 2 – S. 7107/19/10.005:011, BStBl. I 2019, 1140.

Nach dem Schreiben ist auch bei Vorliegen der **kumulativen Voraussetzungen** des § 2b Abs. 3 Nr. 2 UStG **zwingend** eine gesonderte **Prüfung** möglicher größerer Wettbewerbsverzerrungen i. S. d. § 2b Abs. 1 S. 2 UStG (**allgemeiner Wettbewerbsvorbehalt,** s. hierzu Abschn. 4.3) durchzuführen.

▶ Dem § 2b Abs. 3 Nr. 2 UStG verbleibt die Qualität eines bloßen Regelbeispiels, dessen Vorliegen die gesonderte Prüfung des allgemeinen Wettbewerbsvorbehalts nicht erübrigt. **Die Regelung läuft in der Praxis faktisch leer.**

Damit ist noch vor der zwingenden Anwendung des § 2b UStG ab dem 01.01.2025 ein Teil der Regelung inhaltlich überholt.

▶ **Praxishinweis:** Im Sinne der Rechtssicherheit sollte ein Rückgriff auf § 2b Abs. 3 Nr. 2 UStG in der Praxis allenfalls unter Einholung einer verbindlichen Auskunft nach § 89 AO erfolgen.

Die übrigen Bestimmungen des § 2b Abs. 2 und 3 UStG bleiben jedoch weiterhin relevant und werden im Folgenden „entlang der gesetzlichen Regelung des § 2b UStG" eingehend dargestellt.

4.4.3 § 2b Abs. 2 Nr. 1 UStG – Wettbewerbsgrenze i. H. v. 17.500 Euro

Übersteigt der von einer jPdöR im Kalenderjahr aus gleichartigen Tätigkeiten erzielte Umsatz voraussichtlich 17.500 € jeweils *nicht,* wird hiernach **unwiderlegbar unterstellt**, dass eine Nichtbesteuerung dieser Tätigkeiten *nicht* zu einer größeren Wettbewerbsverzerrung führt (BMF, Schr. v. 16.12.2016, Rn. 33).

▶   Liegen die Voraussetzungen des § 2b Abs. 1 und 2 Nr. 1 UStG vor, gilt die jPdöR **zwingend als Nichtunternehmerin.** Ihr steht insoweit **kein Wahlrecht** zu (BMF, Schr. v. 16.12.2016, Rn. 33).

Ob objektiv ein Wettbewerb zu Privaten besteht, ist bei Vorliegen der Voraussetzungen unbeachtlich.

▶   **Praxishinweis:** Möchte die jPdöR trotz Unterschreiten der Wettbewerbsgrenze unternehmerisch tätig werden (z. B. um einen Vorsteuerabzug geltend machen zu können), sollte sie eine privatrechtliche Handlungsform wählen. In diesem Fall ist bereits der Anwendungsbereich des § 2b UStG nicht eröffnet (s. Abschn. 4.2). Auf § 2b Abs. 2 Nr. 1 UStG kommt es dann gar nicht erst an.

Für die Prüfung der Voraussetzungen des § 2b Abs. 2 Nr. 1 UStG müssen gleichartige Tätigkeiten zunächst typisierend in **„Tätigkeitsgruppen"** zusammengefasst werden.

▶ **Eine Gleichartigkeit liegt vor, wenn** die einzelnen Tätigkeiten aus der Sicht des Durchschnittsverbrauchers dieselben Bedürfnisse befriedigen (BMF, Schr. v. 16.12.2016, Rn. 36), also alternativ nebeneinanderstehen und durcheinander ersetzt werden könnten.

Dabei sind **sämtliche** von der jPdöR im Rahmen ihres **einheitlichen Unternehmens** (s. hierzu bereits Abschn. 2.1.2) erzielten Umsätze zusammenzufassen (BMF, Schr. v. 16.12.2016, Rn. 36).

▶ Der **Höhe nach** ist für die Ermittlung der Wettbewerbsgrenze auf die **voraussichtlich zu vereinnahmenden (Brutto-) Beträge** je „Tätigkeitsgruppe" **pro Kalenderjahr** abzustellen.

Die Beurteilung ist zu Beginn eines Jahres für das laufende Kalenderjahr vorzunehmen (BMF, Schr. v. 16.12.2016, Rn. 34). Es handelt sich also um eine **Prognose.** Im Sinne der Überprüfbarkeit sollte die Prognose anhand objektiver Kriterien erfolgen, z. B der Erfahrungen der Vorjahre. Übersteigt der tatsächliche Umsatz wider Erwarten, z. B. aufgrund unvorhersehbarer Umsätze, die Umsatzgrenze von 17.500 €, ist dies grundsätzlich unschädlich (BMF, Schr. v. 16.12.2016, Rn. 34).

4.4.4   § 2b Abs. 2 Nr. 2 UStG – steuerfreie Tätigkeiten privater Unternehmer

Größere Wettbewerbsverzerrungen sind ferner dann ausgeschlossen, wenn vergleichbare Leistungen privater Unternehmer aufgrund einer Steuerbefreiung nach § 4 UStG, für die ein Verzicht nach § 9 UStG *nicht* möglich ist, nicht mit Umsatzsteuer belastet werden (BMF, Schr. v. 16.12.2016, Rn. 38). Hintergrund der Regelung ist, dass aufgrund der zwingenden Steuerbefreiung in diesen Fällen auch private Unternehmer ausnahmslos nicht mit Umsatzsteuer belastet werden.

▶ Die jPdöR wird mit derartigen Leistungen bereits nichtunternehmerisch (erste Prüfungsebene, s. in Abgrenzung Abschn. 2.2) tätig.

Diese Grundsätze gelten aber nicht für die in § 9 Abs. 1 UStG genannten Leistungen, bei denen ein Verzicht auf die Steuerbefreiung (sog. **Option,** s. hierzu auch Abschn. 2.2) *grundsätzlich* möglich ist.

Ob ein Verzicht unter Berücksichtigung der allgemeinen Voraussetzungen nach§ 9 Abs. 1 bis 3 UStG im konkreten Einzelfall möglich ist, oder geltend gemacht wird bzw. werden soll ist irrelevant (BMF, Schr. v. 16.12.2016, Rn. 38).

---

§ 2b Abs. 2 Nr. 2 UStG gilt damit nicht bei Leistungen nach

- § 4 Nr. 8 Buchst. a bis g (Geld- und Kapitalverkehr),
- § 4 Nr. 9 Buchst. a (Umsätze die unter das Grunderwerbsteuergesetz fallen),

- § 4 Nr. 12 (Nutzungsüberlassung von Grundstücken und Grundstücksteilen) oder
- § 4 Nr. 13 UStG (Leistungen der Wohnungseigentümergemeinschaften)

Diese auf den ersten Blick „nachteilige" Rückausnahme dient nach der Intention des Gesetzgebers (BT- Drucks. 18/6094, S. 91) und der Finanzverwaltung (BMF, Schr. v. 16.12.2016, Rn. 38) dazu, der jPdöR einen Zugang zum Vorsteuerabzug zu eröffnen und damit einen Wettbewerbsnachteil zu Lasten der öffentlichen Hand zu vermeiden.

▶ **Praxishinweis:** In der Praxis hat diese Ausnahme kaum Relevanz, da die öffentliche Hand insb. im Bereich der Vermögensverwaltung grundsätzlich in privatrechtlicher Handlungsform (z. B. privatrechtlicher Mietvertrag) tätig wird und der Anwendungsbereich des § 2b UStG bereits nicht eröffnet ist (s. Abschn. 4.2).

4.4.5 § 2b Abs. 3 Nr. 1 UStG – den jPdöR vorbehaltene Leistungen i. R. d. vertikalen und horizontalen Zusammenarbeit von jPdöR

Die Ausnahmeregelung des § 2b Abs. 3 Nr. 1 UStG gilt ausschließlich für Fälle der **vertikalen und horizontalen Zusammenarbeit** von jPdöR bei der Erfüllung öffentlicher Aufgaben (BMF, Schr. v. 16.12.2016, Rn. 40). Es werden somit nur Fälle der **Amtshilfe** bzw. die sog. **Beistands- und Kooperationsleistungen** zwischen jPdöR erfasst.

▶ Die Regelung gilt generell nicht für die Leistungserbringung gegenüber Privaten!

Mit der Regelung soll der im Falle einer Umsatzbesteuerung drohenden Verteuerung öffentlicher Leistungen und damit einer ungewollten Belastung der Bürger begegnet werden.

Übersicht

Ein Wettbewerb und damit eine größere Wettbewerbsverzerrung ist nach § 2b Abs. 3 Nr. 1 UStG ausgeschlossen:

- bei Leistungen, die den jPdöR gesetzlich vorbehalten sind bzw. deren Erbringung privaten Wirtschaftsteilnehmern gesetzlich verwehrt ist sowie
- bei Leistungen, die eine jPdöR aufgrund geltender gesetzlicher Bestimmungen ausschließlich bei einer anderen jPdöR nachfragen darf.

In derartigen Fällen darf als Anbieter und damit Erbringer der Leistung ausschließlich eine jPdöR auftreten (BMF, Schr. v. 16.12.2016, Rn. 41). Es besteht ein **gesetzliches Monopol** zugunsten einer jPdöR. In welchem Bereich die empfangende jPdöR die bezogenen Leistungen verwendet (nicht-, teil-, oder unternehmerischer Bereich) ist ohne Relevanz.

Der Begriff der **gesetzlichen Bestimmung** ist dabei nicht den bereits aus § 2b Abs. 1 S. 1 UStG bekannten „öffentlich-rechtlichen Sonderregelungen" (s. hierzu Abschn. 4.2) gleichzusetzen (BMF, Schr. v. 16.12.2016, Rn. 42).

▶ **Gesetzliche Bestimmungen i. S. d. § 2b Abs. 3 Nr. 1 UStG** sind   alle **Gesetze** und **Rechtsverordnungen** des **Bundes-** oder **Landesrechts** sowie die besondere Rechtsetzung der Kirchen, nicht jedoch Bestimmungen, die von einer mit Satzungsautonomie ausgestatteten jPdöR für ihren Bereich erlassen wurde (z. B. Sparkassensatzungen).

Nicht ausreichend ist jedoch die gesetzliche Regelung eines **allgemein gehaltenen Kooperationsgebots,** welches im Nachgang durch untergesetzliche Regelungen, vertragliche Vereinbarungen oder die tatsächliche Verwaltungspraxis ausgefüllt wird (Abschn. 2b.1 Abs. 8 S. 2 UStAE). Die gesetzlichen Grundlagen müssen so gefasst sein, dass die konkret von der anderen jPdöR benötigte Leistung ausschließlich von einer anderen jPdöR erbracht werden darf (vgl. BMF, Schr. v. 03.04.2020 – III C 2 – S 7107/19/10.009:003, DStR 2020, 1258; Abschn. 2b.1 Abs. 8 UStAE; LfSt Bayern, Vfg. v. 8.2.2021 – S 7107.2.1–39/5 St33).

Ein Fall von § 2b Abs. 3 Nr. 1 liegt z. B. vor, wenn aufgrund gesetzlicher Bestimmungen

- das Rechenzentrum der Finanzverwaltung eines Bundeslandes (gegen Entgelt) Steuerbescheide für die Finanzverwaltung eines anderen Bundeslandes erstellt.
- eine IHK (gegen Entgelt) Berufsabschlussprüfungen für eine andere IHK übernimmt.
- ein Universitätsklinikum (gegen Entgelt) die Personal- und Wirtschaftsverwaltung der Medizinischen Fakultät einer Universität, der es zugeordnet ist, übernimmt.
- ein ordentliches Gericht (gegen Entgelt) die Tätigkeiten eines Berufsgerichts (z. B für Heilberufe, Architekten und Ingenieure) übernimmt.
- eine Gemeinde (gegen Entgelt) das Standesamtswesen einer Nachbargemeinde übernimmt.

4.5   Verfahrensrechtliche Neuerungen – Organisationseinheiten von Bund und Ländern

Auch jPdöR haben ungeachtet ihrer unterschiedlichen und voneinander losgelösten bzw. organisatorisch verselbständigten Betriebe, Tätigkeitsbereiche und Einrichtungen nur ein einziges, einheitliches Unternehmen, das ihre gesamte unternehmerische Tätigkeit umfasst (s. Abschn. 2.1.2). Entsprechend sind die verfahrensrechtlichen Pflichten für das einheitliche Unternehmen grundsätzlich einheitlich zu erfüllen. Die mangelnde Praktikabilität dieses Grundsatzes liegt bei den „großen" jPdöR auf der Hand.

Mit § 18 Abs. 4 f. UStG hat der Gesetzgeber für die Zeit ab Anwendung des § 2b UStG zumindest für die **Organisationeinheiten des Bundes und der Länder** eine gesetzliche Grundlage für ein **dezentrales Besteuerungsverfahren** geschaffen. Bereits seit 1968 ist eine entsprechende Praxis im Sinne der Verwaltungsvereinfachung durch Verwaltungsanweisung anerkannt.

▶   Der § 18 Abs. 4 f. UStG gilt ausschließlich für die Gebietskörperschaften Bund und Länder! Für andere jPdöR besteht (ungeachtet ihrer Größe) die Möglichkeit einer dezentralen Besteuerung leider **nicht**.

Die **Anwendung der dezentralen Besteuerung ist nicht zwingend.** Auf sie kann nach § 18 Abs. 4 f. S. 8 UStG verzichtet werden.

Entsprechend der bisherigen Praxis bestimmt § 18 Abs. 4 f. S. 1 UStG, dass den einzelnen Organisationeinheiten von Bund und Ländern alle umsatzsteuerlichen Rechte und Pflichten obliegen, soweit sie durch ihr Handeln eine Erklärungspflicht (vgl. Abschn. 2.4) begründen. Die Organisationeinheit tritt insoweit im Verwaltungs-, Gerichts- sowie Strafverfahren an die Stelle der Gebietskörperschaft (§ 18 Abs. 4 f. S. 2 UStG). Einzelne Organisationseinheiten können daher auch jeweils eine eigene USt-IdNr. erhalten (vgl. Abschn. 27a.1 Abs. 3 S. 4 UStAE).

Übersicht

Organisationeinheiten i. S. d. § 18 Abs. 4 f. S. 1 UStG sind in Bund und Ländern jeweils:

- die Verfassungsorgane (z. B. Landtage, Verfassungsgerichtshöfe),
- die obersten Behörden (z. B. Ministerien, Rechnungshöfe),
- die Behörden der nachgeordneten Bereiche (z. B. Oberfinanzdirektionen, Finanzämter, Verwaltungsbehörden der Länder),
- Gerichte,
- die Beauftragten, die mit Eigenständigkeit außerhalb eines Ressorts ausgestattet sind (z. B. Landesbeauftragte), sowie
- vergleichbare Einrichtungen (z. B. Bundes- oder Landesbetriebe).

Bei der Bildung und Zusammenfassung von Organisationseinheiten besteht eine große Flexibilität. Organisationseinheiten können jeweils für ihren Geschäftsbereich durch eigene Organisationsentscheidungen weitere **untergeordnete Organisationseinheiten** bilden (§ 18 Abs. 4 f. S. 4 UStG). Eine **übergeordnete Organisationseinheit** kann durch Organisationsentscheidung die Rechte und Pflichten der untergeordneten Organisationseinheit selbst wahrnehmen oder mehrere untergeordnete Organisationseinheiten zu einer Organisationseinheit zusammenschließen (§ 18 Abs. 4 f. S. 5 UStG).

Zu beachten ist, dass bei Anwendung des dezentralen Besteuerungsverfahrens die in § **18 Abs. 4 f. S. 6 UStG** genannten **Betragsgrenzen** für die einzelnen Organisationseinheiten **stets als überschritten gelten.** Damit sind insbesondere Umsatzsteuer-Voranmeldungen sowie zusammenfassende Meldungen monatlich abzugeben, die Kleinunternehmerregelung sowie die Ist-Besteuerung ausgeschlossen und die Durchschnittsatzbesteuerung für Landwirte unanwendbar.

Näheres zu der Thematik regelt das BMF, Schr. v. 22.5.2023 – III C 2 – S 7107/19/10002:004, DOK 2023/0487685. Gleichwohl ist eine Reihe von Detailfragen in der Praxis noch völlig offen.

Handlungsbedarf im Rahmen der Umstellung auf § 2b UStG

Die zwingende Anwendung des § 2b UStG ab dem 01.01.2025 führt bei der öffentlichen Hand zu einer erheblichen Erweiterung ihrer umsatzsteuerlichen Pflichten. Zukünftig werden deutlich mehr Geschäftsvorfälle als bisher eine umsatzsteuerrechtliche Relevanz haben. Vielfach ergeben sich gar erstmalig umsatzsteuerrechtliche Pflichten (s. im Detail Kap. 4).

Um dem zu begegnen ist eine lückenlose materiell-rechtlichen Aufarbeitung der unternehmerischen Tätigkeit der jPdöR erforderlich. Zudem ist der Steuerbereich so zu organisieren, dass er den neuen Anforderungen gerecht werden kann.

Die Steuerpflichtigen sind daher gut beraten, sich möglichst frühzeitig auf die neue Gesetzeslage vorzubereiten und entsprechende Schritte in die Wege zu leiten, um die Erfüllung der ihnen obliegenden Steuerpflichten sicherzustellen. Bei Verletzung dieser Pflichten drohen dem gesetzlichen Vertreter der jPdöR steuerstrafrechtliche Konsequenzen (s. hierzu Abschn. 2.4).

5.1 Überblick über den umsatzsteuerlichen Status quo

Um ein Gespür für den Umfang, die Schwerpunkte und zentralen Hürden der anstehenden Umstellung herzustellen, sollte zunächst ein Überblick über den umsatzsteuerrechtlichen Ist-Zustand geschaffen werden. Dieser ist Ausgangspunkt für sämtliche weiteren Maßnahmen.

© Der/die Autor(en), exklusiv lizenziert an Springer Fachmedien Wiesbaden GmbH, ein Teil von Springer Nature 2023
T. Küffner und A. Tsyganov, *Umsatzbesteuerung der öffentlichen Hand*, essentials, https://doi.org/10.1007/978-3-658-43140-2_5

Hierzu sind insbesondere folgende Unterlagen zusammenzutragen und zu sichten

- Korrespondenz mit den Finanzbehörden (Steuerbescheide, Steuererklärungen, Mitteilungen, Bescheinigungen, verbindliche Auskünfte etc.)
- Übersicht über bereits erfasste bzw. gemeldete BgA (nebst jeweiligen Einnahmen)
- Übersicht über bestehende Dauerschuldverhältnisse (insbesondere Mietverträge, Pachtverträge, Kooperationsverträge, Sponsoringverträge, Konzessionsverträge)
- Übersicht über erhaltene und gewährte Zuschüsse und Spenden (Zuschussbescheide und Spendenquittungen)
- Übersicht über durchgeführte Veranstaltungen (z. B. Sommerfeste etc.)
- Beteiligungsübersicht (an Kapital- und Personengesellschaften)
- Übersicht über bestehende PV-Anlagen, Blockheizkraftwerke und Biogasanlagen (nebst jeweiligen Einnahmen)
- Organigramm/Geschäftsverteilungsplan
- Verschriftlichte Organisationsentscheidungen, Prozesse, Arbeitsanweisungen und Richtlinien mit steuerrechtlichem Bezug (z. B. betreffend Eingangs- und Ausgangsrechnungen, Organisation der Steuerabteilung, Zuständigkeitsabgrenzungen etc.)

5.2   Einnahmenanalyse

Sodann gilt es materiell-rechtliche Klarheit betreffend aller umsatzsteuerrelevanter Geschäftsvorfälle bei der jPdöR zu schaffen.

Eine erfolgreiche Umstellung auf § 2b UStG erfordert

1. die lückenlose Ausermittlung aller potenziell umsatzsteuerrelevanter Umsätze, insbesondere sämtlicher Einnahmen, und
2. deren umfassende umsatzsteuerliche Würdigung.

▶ **Praxistipp:** Sämtliche potenziell steuerrelevanten Ausgangsumsätze
sollten in einer sog. **Einnahmenanalysetabelle** erfasst und umfas-
send umsatzsteuerlich gewürdigt werden.

Um eine Erfassung sämtlicher umsatzsteuerrelevanter Umsätze und damit eine
lückenlose materiell-rechtliche Würdigung sicherzustellen, sollte die Ermittlung
der relevanten Sachverhalte nicht allein durch die Steuerabteilung, sondern (je
nach interner Organisation) unter Beteiligung der Stabsstellen, Fachabteilungen,
Referate etc. (kurz: der **Dezentralen**) erfolgen. Zugleich werden so sämtliche Bediensteten bzw. Mitarbeiter der jPdöR für die Bedeutung der Thematik
sensibilisiert.

Soweit einzelnen Umsätzen **privatrechtliche bzw. öffentlich-rechtliche Verträge, Entgeltordnungen** oder **Satzungen** zugrunde liegen, sind diese in die
umsatzsteuerliche Würdigung einzubeziehen. Sie geben nicht nur Aufschluss über
den für die umsatzsteuerliche Beurteilung maßgeblichen Leistungsinhalt. Auch
können sich in Ansehung der neuen Gesetzeslage Anpassungsbedarfe ergeben
(s. ergänzend Abschn. 5.3).

Die nach Ausermittlung und tabellarischer Zusammenfassung sämtlicher
Geschäftsvorfälle vorzunehmende umsatzsteuerliche Würdigung sollte nicht nur
die **neue,** sondern auch die **alte Rechtslage** umfassen.

Dies dient zunächst der **Kontrolle der bisherigen umsatzsteuerlichen
Behandlung.** Werden Fehler offenbar, sind die erforderlichen Konsequenzen zu
ziehen, z. B. eine umfassende Offenlegung vorzubereiten und eine Abstimmung
mit der Finanzbehörde zu suchen.

Zudem werden so Geschäftsvorfälle, die **zukünftig umsatzsteuerlich abwei**-
chend zu behandeln sind, herausgehoben. Derartigen Sachverhalten ist besondere
Beachtung zu schenken, da mit einer abweichenden materiell-rechtlichen Würdigung grundsätzlich eine abweichende verfahrensrechtliche Behandlung verbunden
ist.

Übersicht

In der Einnahmenanalysetabelle sollte dabei für jeden einzelnen Umsatz
zu folgenden materiell-rechtlich relevanten Aspekten Stellung genommen
werden:

- Sphärenzuordnung (Vermögensverwaltung, Hoheitsbetrieb, BgA ober-
halb bzw. unterhalb der Nichtaufgriffsgrenze)

- Leistungsgegenstand
- Leistungsempfänger
- Rechtsgrundlage/Handlungsform (Privatrecht vs. öffentliches Recht)
- Steuerbarkeit nach altem Recht (§ 2 Abs. 3 UStG a. F.)
- Steuerbarkeit nach neuem Recht (§ 2b UStG)
- Vorliegen eines Leistungsaustauschs (unter konkreter Angabe der Gegenleistung)
- Vorliegen der Voraussetzungen des § 2b UStG
- Unternehmereigenschaft nach § 2 UStG
- Umsatzsteuerbefreiung
- Umsatzsteuersatz
- Bestehen einer Vorsteuerabzugsmöglichkeit
- Risikobewertung bzw. Abweichung in der zukünftigen umsatzsteuerlichen Behandlung

Auf Grundlage der Einnahmenanalyse können Risiken aber auch Potenziale (z. B. im Hinblick auf den Vorsteuerabzug) erkannt und entsprechend aufgearbeitet werden.

Schließlich kann nach Abschluss der materiell-rechtlichen Prüfung in der täglichen Praxis auf die Einnahmenanalysetabelle als „Nachschlagewerk" für die materiell-rechtliche Behandlung der einzelnen Geschäftsvorfälle zurückgegriffen werden. Dabei ist zu berücksichtigen, dass die Einnahmenanalysetabelle stets eine **bloße Momentaufnahme** ist. Sie muss fortlaufend fortgeführt, ergänzt und auf ihre tatsächliche und rechtliche Aktualität hin überprüft werden.

5.3   Vertragsscreening

Privatrechtliche bzw. **öffentlich-rechtliche Verträge, (Entgelt-) Ordnungen** oder **Satzungen** sind nicht nur i. R. d. Einnahmenanalyse von Relevanz (s. Abschn. 5.2). Aufgrund ihrer regelmäßig herausgehobenen wirtschaftlichen Bedeutung und allgemeinen Gestaltbarkeit sind sie auch eigenständig umsatzsteuerlich zu würdigen.

Die Ermittlung und Erfassung der relevanten Sachverhalte und deren umsatzsteuerliche Würdigung kann im Rahmen eines sog. **Vertragsscreenings** erfolgen. Wie bei der Einnahmenanalyse bietet sich die Zusammenfassung der Sachverhalte und deren rechtlicher Beurteilung in einer Tabelle an.

► **Tipp:** Insbesondere folgende Vertragstypen und Sachverhalte sollten genauer betrachtet werden:

* Kooperationsverträge und Verwaltungsvereinbarungen
* Sachverhalte, in denen Zuschüsse, Zuwendungen, Beihilfen, Prämien, Ausgleichsbeträge, Mitgliedsbeiträge oder Ähnliches gewährt werden
* Sponsoringverträge
* Gaststätten- und Kantinenverträge
* Vermietungen und Verpachtungen von Grundstücken und Gebäuden samt Betriebsvorrichtungen (s. zur Problematik unter Abschn. 3.2.3)

Dabei sind auch bloß **mündlich geschlossene Verträge oder Vereinbarungen** zu berücksichtigen. Diese sind grundsätzlich als privatrechtliche Verträge zu qualifizieren, daher unter § 2b UStG generell umsatzsteuerrelevant und somit von erheblicher praktischer Bedeutung.

Da mündliche Verträge und Vereinbarungen oftmals ohne rechtliches Erklärungsbewusstsein und aus einem praktischen Bedürfnis heraus unmittelbar durch die Dezentrale geschlossen werden, ist die Einbindung der Dezentralen bei Ermittlung der relevanten Sachverhalte besonders wichtig.

Sind Verträge an der alten Rechtslage ausgerichteten, können hieraus **umsatzsteuerliche Risiken** erwachsen, welchen reaktiv durch eine entsprechende **Anpassung** zu begegnen ist. Im Einzelfall kann insbesondere die Aufnahme bzw. Anpassung einer **Steuerklausel**, die Vornahme einer Preisanpassung oder eine **Vorsteuerkorrektur** nach § 15a UStG erforderlich sein.

Zugleich besteht aufgrund der generellen Gestaltbarkeit der rechtlichen Handlungsform auch ein gewisses **Gestaltungspotenzial.** Im Einzelfall kann durch eine aktive **Neu- oder Umgestaltung** die **gewollte umsatzsteuerliche Behandlung** erzielt, oder neues **Vorsteuerabzugspotenzial** geschaffen werden.

Übersicht
Im Vertragsscreening sollte dabei für jeden Vertrag zu folgenden materiellrechtlich relevanten Aspekten Stellung genommen werden:

* Rechtsgrundlage (Privatrecht vs. öffentliches Recht)

- Vertragstyp (privatrechtlicher bzw. öffentlich-rechtlicher Vertrag, Ordnung, Satzung)
- Schriftlicher oder mündlicher Vertrag bzw. Vereinbarung
- Vertragsgegenstand (insb. Leistung und Gegenleistung)
- Verwendung der bezogenen Eingangsleistungen
- Vertragspartner
- Bestehen einer Steuerklausel

5.4   Verfahrenstechnische und organisatorische Anpassungen

Auf Grundlage der materiell-rechtlichen Analyse sind erforderliche verfahrenstechnische und organisatorische Anpassungen zu identifizieren und umzusetzen.

Die Steuerabteilung muss personell, kompetenziell und fachlich so aufgestellt werden, dass sie in der Lage ist, die umsatzsteuerrechtlichen Pflichten der jPdöR (s. bereits Abschn. 2.4) ordnungsgemäß zu erfüllen. Da die umsatzsteuerlichen Pflichten in der Vergangenheit überschaubar waren, wird i. d. R. eine gewisse **Neuorganisation des Steuerbereichs** erforderlich (s. ergänzend Abschn. 5.5).

Der allgemein erhöhte Verwaltungsaufwand kann durch die Implementierung einer **Finanzsoftware** sowie einer **IT-basierten Digitalisierung und Automatisierung von Prozessen** verringert werden. Besonders praxisrelevant ist dabei die generell fehleranfällige Erstellung von **Eingangs- und Ausgangsrechnungen**. Eine (weitestgehende) Automatisierung ist über ein **Faktura-Programm** möglich.

Zugleich kann dergestalt das einer händischen Buchhaltung immanente **Fehlerpotenzial** und damit das **Haftungsrisiko** verringert werden. Dies gilt insbesondere für die aus einem **unrichtigen bzw. unberechtigten Steuerausweis** nach § 14c UStG resultierende Steuerschuld.

Hinzu kommt, dass auch die Finanzverwaltung eine **elektronische Übermittlung** der **Umsatzsteuervoranmeldungen** und **Jahreserklärungen** verlangt (s. hierzu bereits Abschn. 2.4). Bei Nutzung einer entsprechenden Software-Lösung wird ein händisches Führen, Übertragen und Eingeben der umsatzsteuerrelevanten Daten entbehrlich. Den Deklarationspflichten kann im Idealfall „auf Knopfdruck" nachgekommen werden.

Zwischenzeitlich existieren eine Vielzahl von Softwarelösungen, die speziell auf die Anforderungen der öffentlichen Hand zugeschnitten sind. Im

Einzelfall lässt sich auch die bereits verwendete Finanzsoftware an die neuen umsatzsteuerlichen Bedürfnisse anpassen bzw. erweitern.

Der mit der Implementierung einer Softwarelösung verbundene Aufwand wird perspektivisch – jedenfalls bei nicht ganz unerheblicher unternehmerischer Tätigkeit – durch die freiwerdenden Kapazitäten der mit steuerlichen Aufgaben befassten Mitarbeiter ausgeglichen. Ferner ist mit der ohnehin erforderlichen materiell-rechtlichen Aufbereitung der Umsätze ein wesentlicher Schritt für die Implementierung einer Softwarelösung getan. Einen gewissen Investitionsaufwand dürfte bereits die fehlerminimierende Wirkung einer Softwarelösung rechtfertigen.

5.5   Umsatzsteuerliche Pflichten und Risiken kontrollieren – IKS & TCMS

Wo steuerliche Pflichten bestehen, bestehen stets auch Risiken. Sie sind im Gesetz angelegt. Werden Pflichten missachtet, drohen den gesetzlichen Vertretern steuerstrafrechtliche Konsequenzen (s. hierzu bereits Abschn. 2.4).

Pflichten und Risiken können aber kontrolliert werden. Eine **Exkulpation** ist möglich. Ein taugliches Mittel hierzu stellt ein sog. **innerbetriebliches Kontrollsystem** (kurz: IKS) dar, welches der Erfüllung der steuerlichen Pflichten dient.

Ein IKS bringt weiterhin u. a. folgende Vorteile mit sich

- Steht der Vorwurf einer Steuerhinterziehung im Raum und hat der Steuerpflichtige ein IKS eingerichtet, stellt dies ein **Indiz gegen** das Vorliegen von **Vorsatz** oder **Leichtfertigkeit** dar (Ziff. 2.6 AEAO zu § 153).
- Ein IKS dient als Nachweis für eine „gehörige Aufsicht" nach § 130 OWiG bzw. gegen ein sog. **Organisationsverschulden.**
- Ab 2023 kann ein IKS unter bestimmten Voraussetzungen auch zu **Erleichterungen i. R. v. Betriebsprüfungen** führen (§ 38 EGAO)

Ein IKS ist wiederum ein spezifischer Bestandteil eines umfassenden **Tax Compliance Management Systems** (kurz: TCMS). Ein TCMS dient zum einen der umfassenden Ermittlung steuerrechtlicher Risiken und soll zum anderen die Erfüllung sämtlicher steuerrechtlicher Pflichten durch den Steuerpflichtigen sicherstellen.

Neben einer präventiven Funktion hat ein wirksames TCMS zum Ziel, durch gefestigte verwaltungsinterne Abläufe etwaige Fehler schnellstmöglich zu erkennen und sachgerecht zu beheben.

Allgemein anerkannte Anforderungen für die Ausgestaltung eines wirksames TCMS hat das Institut der Wirtschaftsprüfer in dem **IDW Prüfungsstandard 980** aufgestellt, welcher zuletzt im September 2022 grundlegend überarbeitet und verschärft wurde.

Ein wirksames TCMS umfasst hiernach

- ein **internes Steuerungssystem** (s. Abschn. 5.5.1) und
- ein **internes Überwachungssystem** (s. Abschn. 5.5.2)

5.5.1   Internes Steuerungssystem

▶ **Ein internes Steuerungssystem** besteht aus einem verschriftlichten „Regelwerk" für die Organisation der Steuerfunktion sowie einer Vielzahl von Prozessdarstellungen, Richtlinien, Arbeits- und Dienstanweisungen, Checklisten, Formularen und Funktionsabgrenzungen (sog. **TCMS-Elemente**).

In einem sog. **Steuer- bzw. Organisationshandbuch** wird insbesondere die interne Organisation der Steuerabteilung geregelt.

Das Steuer- bzw. Organisationshandbuch enthält u. a. Regelungen zu

- der Compliance-Kultur,
- den Compliance-Zielen,
- den Compliance-Risiken,
- dem Compliance-Programm,
- der Compliance-Organisation,
- der Compliance-Kommunikation sowie
- der Compliance-Überwachung und Verbesserung.

Ferner werden dort zentrale **Delegations- und Organisationsentscheidungen** getroffen.

In einer **Steuer- bzw. Organisationsanweisung** werden ergänzend für alle Mitarbeiter verbindliche „goldene Regeln" für die tägliche Steuerpraxis festgelegt, die auch für die Zukunft eine rechtsfehlerfreie Praxis gewährleisten. Näheres regeln diverse spezifische, adressatengerechte TCMS-Elemente.

Ein wirksames TCMS richtet sich in unterschiedlicher, adressatengerechter Form an sämtliche Bediensteten bzw. Mitarbeiter auf allen Ebenen (Führungskräfte, Mitarbeiter in der Sachbearbeitung, Mitarbeiter im Finanzbereich etc.).

5.5.2 Internes Überwachungssystem

▶ **Ein internes Überwachungssystem** sieht prozessintegrierte und prozessunabhängige Kontrollen vor.

Prozessintegrierte Kontrollen sind als zwingende Elemente der verwaltungsinternen Abläufe ausgestaltet.

Übersicht
Sie können exemplarisch in den folgenden Überwachungsmaßnahmen bestehen:

* Vier-Augen-Prinzip
* Stichproben
* Plausibilitätsprüfungen
* IT-basierte organisatorisch-technische Kontrollen
* Verprobungen

Prozessunabhängige Kontrollen erfolgen losgelöst von den prozessintegrierten Kontrollen.

Sie können in (periodischen) Nachschauen oder (anlass- und verdachtsbezogenen) ad-hoc-Prüfungen bestehen, sich auf organisatorische bzw. interne Prozesse sowie auf Leistungsprozesse beziehen und bezüglich bereits abgeschlossener Veranlagungszeiträume oder einzelner Sachverhalte erfolgen.

Um insoweit eine „Eigenprüfung" zu vermeiden, erfolgt in der Praxis regelmäßig die Bestellung eines externen **Tax-Compliance-Officers,** welcher dann die **TCMS-Nachschau** vornimmt. Alternativ kann diese Aufgabe auch von der Innenrevision wahrgenommen werden.

▶   So klar und einheitlich die Vorgaben und Strukturen zu sein scheinen: Jedes TCMS ist in Abhängigkeit von den spezifischen organisatorischen Strukturen und der Geschäftstätigkeit des Steuerpflichtigen einzigartig.

Zugleich hängen die **Anforderungen an ein wirksames TCMS** naturgemäß von der Größe sowie von Art und Umfang der Geschäftstätigkeit des Unternehmens ab. So sind z. B. an ein wirksames TCMS einer kleinen Kommune nicht die gleichen Anforderungen zu stellen wie an das TCMS eines Bundesministeriums.

Zusammenfassung und Ausblick 6

Die neue Umsatzbesteuerung der öffentlichen Hand wird kommen. Notfalls wird die Europäische Kommission hierfür Sorge tragen. Dass sich zukünftig neue bzw. erweiterte umsatzsteuerliche Pflichten für jPdöR ergeben, ist daher unvermeidlich. Auch steht außer Frage, dass auf die jPdöR im Zuge der Umstellung auf § 2b UStG erheblicher personeller, zeitlicher sowie finanzieller Aufwand zukommt.

Umso wichtiger ist es, das Bestmögliche aus den aufgewendeten Ressourcen herauszuholen. Die öffentliche Hand ist gut beraten, sich nicht vor der neuen Umsatzbesteuerung zu verschließen, sondern „aus der Not eine Tugend zu machen".

► Den jPdöR bietet sich mit § 2b UStG eine seltene Gelegenheit, ihre Umsätze eingehend zu durchleuchten, auszuwerten, nicht genutzte (steuerliche sowie außersteuerliche) **Optimierungspotenziale** offen zulegen und **zu nutzen.**

Zugleich kann und sollte eine grundlegende Neuorganisation des Steuerbereichs erfolgen. Die aus der Umstellung auf § 2b UStG gewonnenen Erkenntnisse lassen sich unmittelbar bei der Neuorganisation des Steuerbereichs berücksichtigen und vice versa. Es ergeben sich **wertvolle Synergieeffekte,** welche nicht ungenutzt bleiben sollten.

► Die jPdöR können heute **gefestigte und rechtssichere Strukturen für die Zukunft schaffen!**

© Der/die Autor(en), exklusiv lizenziert an Springer Fachmedien Wiesbaden GmbH, ein Teil von Springer Nature 2023
T. Küffner und A. Tsyganov, *Umsatzbesteuerung der öffentlichen Hand*, essentials, https://doi.org/10.1007/978-3-658-43140-2_6

Hieran dürften insbesondere die gesetzlichen Vertreter und damit die „Entscheidungsträger" ein gewisses Eigeninteresse haben – schließlich müssen sie für etwaige Pflichtverletzungen persönlich einstehen.

Mit der Lektüre dieses *essentials* hat der Leser bereits einen wichtigen Schritt im Rahmen der Umstellung auf das neue Umsatzsteuerecht getan. Ein Grundverständnis von der Materie und den materiell-rechtlichen Fallstricken ist für eine erfolgreiche Umstellung auf § 2b UStG unumgänglich.

Daneben kommt es auf eine sorgfältige und vorausschauende **Projektplanung** an. Die materiell-rechtliche Umstellung stellt i. V. m. der Neuorganisation des Steuerbereichs für jede jPdöR eine Herkulesaufgabe dar. Nicht selten dauert der **Umsetzungsprozess** mehr als 12 Monate.

Regelmäßig wird dabei die Hinzuziehung externen Sachverstands erforderlich sein. Diese kann sich im Einzelfall jedoch bezahlt machen. Ein auf die Bedürfnisse von jPdöR spezialisierter Berater übernimmt weit mehr als die umsatzsteuerrechtliche Würdigung der zu beurteilenden Sachverhalte. Eine seiner Kernaufgaben besteht in der Unterstützung und Federführung bei der **Projektorganisation.** Er initiiert die Bildung von **Arbeits- und Projektgruppen,** unterstützt als unbeteiligter Dritter bei der internen **Arbeits- und Kompetenzaufteilung,** erstellt **Projektpläne** und **Meilensteine** und sorgt für deren Einhaltung.

Denjenigen jPdöR, die bisweilen untätig blieben, bleibt nur zu raten, dies schnellstmöglich zu ändern. Es ist aller höchste Zeit.

Was Sie aus diesem *essential* mitnehmen können

- Das Umsatzsteuerrecht wird im Regime des § 2b UStG von dem Körperschaftsteuerrecht abgekoppelt. Für jeden Umsatz ist zukünftig eine autonome umsatzsteuerrechtliche Würdigung vorzunehmen.
- Die zwingende Anwendung des § 2b UStG **ab dem 01.01.2025** führt bei den jPdöR zu einer **erheblichen Erweiterung** ihrer **umsatzsteuerlichen Pflichten.**
- **jPdöR** sind im Regime des § 2b UStG **grundsätzlich** als **Unternehmer** anzusehen, wenn sie eine wirtschaftliche Tätigkeit ausüben. Insbesondere die **Vermögensverwaltung** ist damit grundsätzlich **umsatzsteuerrelevant.**
- Der **§ 2b UStG bestimmt** zu dem vorgenannten Grundsatz eng auszulegende **Ausnahmen.**
- Ein Tätigwerden auf privatrechtlicher Grundlage schließt die Anwendbarkeit des § 2b UStG generell aus. **Tätigkeiten auf privatrechtlicher Grundlage sind** im Regime des § 2b UStG **ab dem 1. Euro umsatzsteuerrelevant.**
- Bei Verletzung der **steuerlichen Pflichten** drohen dem gesetzlichen Vertreter der jPdöR **steuerstrafrechtliche Konsequenzen.**
- jPdöR sollten sich möglichst frühzeitig auf die neue Gesetzeslage vorbereiten und die erforderlichen Maßnahmen in die Wege leiten.

T. Küffner und A. Tsyganov, *Umsatzbesteuerung der öffentlichen Hand*, essentials, https://doi.org/10.1007/978-3-658-43140-2

Literatur[1]

BMF, Schr. v. 02.01.2012 – IV D 2 – S 7300/11/10002, BStBl. I 2012, 60.
BMF, Schr. v. 02.01.2014 – IV D 2 – S 7300/12/10002: 001, BStBl. I 2014, 119.
BMF, Schr. v. 16.12.2016 – III C 2 – S 7107/16/10001, BStBl. I 2016, 1451.
BMF, Schr. v. 21.06.2017 – IV C 2 – S 2706/14/10001, BStBl. I 2017, 880.
BMF, Shcr. v. 18.09.2019 – III C 2 – S 7107/19/10006 :003, BStBl. I 2019, 921.
BMF, Schr. v. 14.11.2019 – III C 2 – S 7107/19/10005 :011, BStBl. I 2019, 1140.
BMF, Schr. v. 20.02.2020 – III C 2 – S 7107/19/10009 :003.
BMF, Schr. v. 03.04.2020 – III C 2 – S 7107/19/10009 :003.
BMF, Schr. v. 26.11.2020 – III C 2 – S 7107/19/10005 :015.
BMF, Schr. v. 18.01.2021 – III C 2 – S 7300/19/10002 :002, BStBl. I 2021, 121.
BMF, Schr. v. 22.5.2023 – III C 2 – S 7107/19/10002 :004, DOK 2023/0487685.
OFD NRW, Besteuerung der juristischen Personen des öffentlichen Rechts – Arbeitshilfe – Stand 09.06.2022.
OFD Frankfurt/M., Vfg. v. 19.12.2016 – S 7106 A-119-St 110.
OFD Frankfurt/M, Vfg. v. 30.01.2020 – S 7107 A-001-St 1a.
OFD Frankfurt/M., Vfg. v. 04.02.2022 – S 7107 A-005-St 110.2.
BayLfSt v. 08.04.2020 – S 7107.1.1-16/3 St33.
BayLfSt v. 08.02.2021 – S 7107.2.1-39/5 St33.
LfSt Niedersachsen, Vfg. v. 15.07.2019 – S 7107-8-St 171.
OFD Karlsruhe, Vfg. v. 03.03.2021 – S 7107 Karte 1.
OFD Karlsruhe, Vfg. v. 28.04.2023 – S 0224.
Finanzministerium des Landes Schleswig-Holstein, USt-Kurzinformation v. 01.01.2022 – VI 3510 – S 7107 – 001.

---

[1] Die nachfolgenden Verlautbarungen der Finanzverwaltung führen weiter in die Thematik ein. Sie sind online kostenfrei abrufbar.

T. Küffner und A. Tsyganov, *Umsatzbesteuerung der öffentlichen Hand*, essentials, https://doi.org/10.1007/978-3-658-43140-2

Printed in the United States
by Baker & Taylor Publisher Services

Printed in the United States
by Baker & Taylor Publisher Services